新宪法知识

题集

中国法制出版社
CHINA LEGAL PUBLISHING HOUSE

图书在版编目（CIP）数据

新宪法知识题集 / 中国法制出版社编. —北京：
中国法制出版社，2018.11

ISBN 978-7-5093-7092-6

Ⅰ. ①新… Ⅱ. ①中… Ⅲ. ①宪法－中国－竞赛题
Ⅳ. ① D921.05

中国版本图书馆 CIP 数据核字（2018）第 246466 号

责任编辑：戴　蕊　李宏伟　　　　封面设计：杨泽江

新宪法知识题集
XIN XIANFA ZHISHI TIJI

编者 / 中国法制出版社
经销 / 新华书店
印刷 / 三河市紫恒印装有限公司
开本 / 880 毫米 ×1230 毫米　32 开　　　　印张 / 7.25　字数 / 152 千
版次 / 2018 年 11 月第 1 版　　　　2018 年 11 月第 1 次印刷

中国法制出版社出版
书号 ISBN 978-7-5093-7092-6　　　　定价：29.80 元

北京西单横二条 2 号
邮政编码 100031　　　　传真：010-66031119
网址：http://www.zgfzs.com　　　　**编辑部电话：010-66010406**
市场营销部电话：010-66033393　　　　**邮购部电话：010-66033288**
（如有印装质量问题，请与本社印务部联系调换。电话：010-66032926）

目录

序　言

一、判断题

1. 中国是世界上历史最悠久的国家之一。(　　)
2. 中国各族人民共同创造了光辉灿烂的文化。(　　)
3. 中国各族人民具有光荣的革命传统。(　　)
4. 一八四〇年以后，封建的中国已完全变成半殖民地、半封建的国家。(　　)
5. 中国人民为国家独立、民族解放和民主自由进行了前仆后继的英勇奋斗。(　　)
6. 孙中山先生领导的辛亥革命，废除了封建帝制，创立了中华民国。(　　)
7. 中华民国成立后，中国人民反对帝国主义和封建主义的历史任务已经完成。(　　)
8. 一九四九年，以毛泽东主席为领袖的中国共产党领导中国各族人民，在经历了长期的艰难曲折的武装斗争和其他形式的斗争以后，终于推翻了帝国主义、封建主义和官僚资本主义的统治，取得了新民主主义革命的伟大胜利，建立了中华人民共和国。(　　)
9. 中华人民共和国的权力掌握在人民手中，人民是国家的主

人。(　　)

10. 中华人民共和国成立时，我国社会已实现了由新民主主义到社会主义的过渡。(　　)

11. 中华人民共和国成立以后，我国社会逐步实现了由新民主主义到社会主义的过渡。生产资料私有制的社会主义改造已经完成，人剥削人的制度已经消灭，社会主义制度已经确立。(　　)

12. 工人阶级领导的、以工农联盟为基础的人民民主专政，实质上是无产阶级专政。(　　)

13. 中华人民共和国成立后，经济建设取得了重大的成就，独立的、比较完整的社会主义工业体系已经基本形成，农业生产显著提高。(　　)

14. 中国新民主主义革命的胜利和社会主义事业的成就，离不开马克思列宁主义、毛泽东思想的指引。(　　)

15. 我国将长期处于社会主义初级阶段。(　　)

16. 国家的根本任务是，沿着中国特色社会主义道路，进行社会主义现代化经济建设。(　　)

17. 在我国，剥削阶级作为阶级已经消灭。(　　)

18. 阶级斗争还将在一定范围内长期存在于我国。(　　)

19. 中国人民对破坏我国社会主义制度的国外的敌对势力和敌对分子，应置之不理。(　　)

20. 台湾是中华人民共和国的神圣领土的一部分。(　　)

21. 完成统一祖国的大业是包括台湾同胞在内的全中国人民的神圣职责。(　　)

22. 社会主义的建设事业必须依靠工人、农民和知识分子，团结一切可以团结的力量。(　　)

23. 爱国统一战线是由中国共产党领导，有各民主党派和各人民团体参加的广泛联盟，包括全体社会主义劳动者、社会主义事业的建设者、拥护社会主义的爱国者、拥护祖国统一和致力于中华民族伟大复兴的爱国者。(　　)

24. 中国人民政治协商会议是有广泛代表性的统一战线组织，过去发挥了重要的历史作用，今后在国家政治生活、社会生活和对外友好活动中，在进行社会主义现代化建设、维护国家的统一和团结的斗争中，将进一步发挥它的重要作用。(　　)

25. 中国共产党领导的多党合作和政治协商制度将长期存在和发展。(　　)

26. 中华人民共和国是全国各族人民共同缔造的统一的多民族国家。(　　)

27. 平等团结互助和谐的社会主义民族关系正在逐渐形成。(　　)

28. 在维护民族团结的斗争中，要反对大民族主义，主要是大汉族主义。(　　)

29. 在维护民族团结的斗争中，要适当保护地方民族主义。(　　)

30. 国家尽一切努力，促进全国各民族的共同繁荣。(　　)

31. 中国革命、建设、改革的成就是同世界人民的支持分不开的。(　　)

32. 中国的前途是同世界的前途紧密地联系在一起的。(　　)

33. 中国坚持独立自主的对外政策，坚持互相尊重主权和领土完整、互不侵犯、互不干涉内政、平等互利、和平共处的五项原则。(　　)

34. 中国坚持和平发展道路，坚持互利共赢开放战略，发展同各国的外交关系和经济、文化交流，推动构建人类命运共同体。（　　）
35. 中国坚持反对帝国主义、霸权主义、殖民主义。（　　）
36. 中国支持被压迫民族和发展中国家争取和维护民族独立、发展民族经济的正义斗争，为维护世界和平和促进人类进步事业而努力。（　　）
37. 宪法以法律的形式确认了中国各族人民奋斗的成果。（　　）
38. 宪法规定了国家的根本制度和根本任务。（　　）
39. 宪法是国家的根本法，具有最高的法律效力。（　　）
40. 全国各族人民、一切国家机关和武装力量、各政党和各社会团体、各企业事业组织，都必须以宪法为根本的活动准则，并且负有维护宪法尊严、保证宪法实施的职责。（　　）

二、单项选择题

1.（　　）以后，封建的中国逐渐变成半殖民地、半封建的国家。

A. 一八四〇年　　B. 一八六〇年

C. 一八九五年　　D. 一九〇一年

2.（　　）孙中山先生领导的辛亥革命，废除了封建帝制，创立了中华民国。

A. 一九一〇年　　B. 一九一一年

C. 一九一二年　　D. 一九一三年

3.（　　），以毛泽东主席为领袖的中国共产党领导中国各族人民，在经历了长期的艰难曲折的武装斗争和其他形式的斗争以后，取得了新民主主义革命的伟大胜利，建立了中华人民共和国。

A. 一九四五年　　B. 一九五二年

C. 一九四九年　　D. 一九五〇年

4. 中华人民共和国成立以后，我国社会逐步实现了由（　　）到社会主义的过渡。

A. 旧民主主义　　B. 民主主义

C. 新民主主义　　D. 资本主义

5. 我国（　　）社会主义初级阶段。

A. 已经度过　　B. 从未经历

C. 将短期处于　　D. 将长期处于

6. 在我国，剥削阶级作为阶级（　　）。

A. 正在被消灭　　B. 已经消灭

C. 仍普遍存在　　D. 从未出现

7. 在我国，阶级斗争（　　）。

A. 还广泛存在　　B. 还将短期存在

C. 不复存在　　D. 还将在一定范围内长期存在

三、多项选择题

1. 以毛泽东主席为领袖的中国共产党领导中国各族人民，在经历了长期的艰难曲折的武装斗争和其他形式的斗争以后，终于推翻了（　　）的统治。

A. 封建主义　　B. 帝国主义

C. 资本主义　　D. 官僚资本主义

2. 中国人民和中国人民解放军战胜了（　　）的侵略、破坏和武装挑衅，维护了国家的独立和安全，增强了国防。

A. 帝国主义　　B. 霸权主义

C. 资本主义　　D. 封建主义

3. 中国新民主主义革命的胜利和社会主义事业的成就，是中国共产党领导中国各族人民，在（　　）的指引下，坚持真理，修正错误，战胜许多艰难险阻而取得的。

A. 邓小平理论　　B. “三个代表”重要思想

C. 马克思列宁主义　　D. 毛泽东思想

4. 中国各族人民将继续在中国共产党领导下，在马克思列宁主义、毛泽东思想、邓小平理论、“三个代表”重要思想、科学发展观、习近平新时代中国特色社会主义思想指引下，坚持（　　），不断完善社会主义的各项制度，发展社会主义市场经济，发展社会主义民主，健全社会主义法治，贯彻新发展理念。

A. 人民民主专政　　B. 社会主义道路

C. 改革开放　　D. 经济建设

5. 社会主义的建设事业必须依靠（　　），团结一切可以团结的力量。

A. 群众　　B. 工人

C. 农民　　D. 知识分子

6. 中国坚持反对（　　），加强同世界各国人民的团结，支持被压迫民族和发展中国家争取和维护民族独立、发展民族经济的正义斗争，为维护世界和平和促进人类进步事业而努力。

A. 扩张主义　　B. 帝国主义

C. 霸权主义　　D. 殖民主义

7.（　　），都必须以宪法为根本的活动准则，并且负有维护宪法尊严、保证宪法实施的职责。

A. 全国各族人民　　B. 一切国家机关和武装力量

C. 各政党和各社会团体　　D. 各企业事业组织

四、填空题

1. 中国是世界上历史最悠久的国家之一。__________共同创造了光辉灿烂的文化，具有光荣的________。
2. 一八四〇年以后，封建的中国逐渐变成______、______的国家。中国人民为__________、__________和__________进行了前仆后继的英勇奋斗。
3. ___________，中国发生了翻天覆地的伟大历史变革。
4. 一九一一年________先生领导的________，废除了封建帝制，创立了__________。但是，中国人民反对__________和__________的历史任务还没有完成。
5. 一九四九年，以________主席为领袖的中国共产党领导中国各族人民，在经历了长期的艰难曲折的武装斗争和其他形式的斗争以后，终于推翻了帝国主义、封建主义和__________的统治，取得了__________________革命的伟大胜利，建立了__________。从此，中国人民掌握了国家的权力，成为国家的______________。
6. 中华人民共和国成立以后，我国社会逐步实现了由新民主主义到__________的过渡。生产资料私有制的社会主义改造已经完成，____________的制度已经消灭，____________制度已经确立。
7. ________领导的、以__________为基础的____________，实质上即无产阶级专政，得到巩固和发展。
8. 中国人民和______________战胜了帝国主义、霸权主义的侵略、破坏和武装挑衅，维护了国家的独立和安全，增强了国防。
9. 中国____________的胜利和______________的成就，是中国共产党领导中国各族人民，在__________、____________的指

引下，坚持真理，修正错误，战胜许多艰难险阻而取得的。

10. 我国将长期处于__________阶段。

11. 国家的根本任务是，沿着__________社会主义道路，集中力量进行__________建设。

12. 中国各族人民将继续在中国共产党领导下，在马克思列宁主义、毛泽东思想、邓小平理论、“三个代表”重要思想、__________、__________指引下，坚持__________，坚持__________，坚持__________，不断完善社会主义的各项制度。

13. 在我国，__________作为阶级已经消灭，但是__________还将在一定范围内长期存在。中国人民对敌视和破坏我国社会主义制度的国内外的敌对势力和敌对分子，__________。

14. 台湾是中华人民共和国的神圣领土的一部分。完成__________的大业是包括台湾同胞在内的全中国人民的神圣职责。

15. 社会主义的建设事业必须依靠______、______和__________，团结一切可以团结的力量。

16. 在长期的革命、建设、改革过程中，已经结成由__________领导的，有________和________参加的，包括__________、__________、__________和__________的广泛的爱国统一战线，这个统一战线将继续巩固和发展。

17. __________是有广泛代表性的统一战线组织，过去发挥了重要的历史作用，今后在国家政治生活、社会生活和对外友好活动中，在进行社会主义现代化建设、维护国家的统一和团结的斗争中，将进一步发挥它的重要作用。__________制度将长期存在和发展。

18. 中华人民共和国是全国各族人民共同缔造的__________国家。__________的社会主义民族关系已经确立，并将继续加强。在维护民族团结的斗争中，要反对＿＿＿＿＿＿＿，主要是＿＿＿＿＿＿＿，也要反对＿＿＿＿＿＿＿＿。国家尽一切努力，促进全国各民族的共同繁荣。

19. 中国革命、建设、改革的成就是同＿＿＿＿＿的支持分不开的。中国的前途是同世界的前途紧密地联系在一起的。中国坚持＿＿＿＿＿的对外政策，坚持＿＿＿＿＿＿＿、＿＿＿＿＿＿＿、＿＿＿＿＿＿＿、＿＿＿＿＿＿＿、＿＿＿＿＿＿的五项原则，坚持和平发展道路，坚持＿＿＿＿＿＿＿战略，发展同各国的外交关系和经济、文化交流，推动构建＿＿＿＿＿＿；坚持反对帝国主义、霸权主义、殖民主义，加强同世界各国人民的团结，支持被压迫民族和发展中国家争取和维护民族独立、发展民族经济的正义斗争，为维护世界和平和促进人类进步事业而努力。

20. 我国现行宪法以法律的形式确认了中国各族人民奋斗的成果，规定了国家的＿＿＿＿＿＿＿和＿＿＿＿＿＿＿，是国家的＿＿＿＿＿＿，具有最高的＿＿＿＿＿＿＿。全国各族人民、一切国家机关和武装力量、各政党和各社会团体、各企业事业组织，都必须以宪法为＿＿＿＿＿＿＿，并且负有维护宪法尊严、保证宪法实施的职责。

参考答案

一、判断题

1. √，解析：见《宪法》序言第一自然段：“中国是世界上历史最悠久的国家之一。”
2. √，解析：见《宪法》序言第一自然段：“中国各族人民共同创造了光辉灿烂的文化……"

3. √，解析：见《宪法》序言第一自然段："中国各族人民共同创造了光辉灿烂的文化，具有光荣的革命传统。"

4. ×，解析：一八四〇年以后，封建的中国逐渐开始变成半殖民地、半封建的国家，并非已经完全变为半殖民地、半封建的国家。见《宪法》序言第二自然段。

5. √，解析：见《宪法》序言第二自然段："中国人民为国家独立、民族解放和民主自由进行了前仆后继的英勇奋斗。"

6. √，解析：见《宪法》序言第四自然段："一九一一年孙中山先生领导的辛亥革命，废除了封建帝制，创立了中华民国。"

7. ×，解析：中华民国成立之后，中国人民反对帝国主义和封建主义的历史任务还没有完成。见《宪法》序言第四自然段的表述："但是，中国人民反对帝国主义和封建主义的历史任务还没有完成。"

8. √，解析：见《宪法》序言第五自然段："一九四九年，以毛泽东主席为领袖的中国共产党领导中国各族人民，在经历了长期的艰难曲折的武装斗争和其他形式的斗争以后，终于推翻了帝国主义、封建主义和官僚资本主义的统治，取得了新民主主义革命的伟大胜利，建立了中华人民共和国。"

9. √，解析：见《宪法》序言第五自然段："从此，中国人民掌握了国家的权力，成为国家的主人。"

10. ×，解析：中华人民共和国成立后，我国社会逐步实现了由新民主主义到社会主义的过渡，见《宪法》序言第六自然段第一句话的表述。

11. √，解析：见《宪法》序言第六自然段："中华人民共和国成立以后，我国社会逐步实现了由新民主主义到社会主义的过渡。生产资料私有制的社会主义改造已经完成，人剥削人的制度已经消灭，社会主义制度已经确立。”

12. √，解析：见《宪法》序言第六自然段：“工人阶级领导的、以工农联盟为基础的人民民主专政，实质上即无产阶级专政，得到巩固和发展。”

13. √，解析：见《宪法》序言第六自然段：“经济建设取得了重大的成就，独立的、比较完整的社会主义工业体系已经基本形成，农业生产显著提高。教育、科学、文化等事业有了很大的发展，社会主义思想教育取得了明显的成效。”

14. √，解析：见《宪法》序言第七自然段第一句话：“中国新民主主义革命的胜利和社会主义事业的成就，是中国共产党领导中国各族人民，在马克思列宁主义、毛泽东思想的指引下，坚持真理，修正错误，战胜许多艰难险阻而取得的。”

15. √，解析：见《宪法》序言第七自然段第二句话：“我国将长期处于社会主义初级阶段。”

16. ×，解析：国家的根本任务是，沿着中国特色社会主义道路，集中力量进行社会主义现代化建设。题中多加了“经济”二字，是错误的。见《宪法》序言第七自然段第三句话。

17. √，解析：见《宪法》序言第八自然段：“在我国，剥削阶级作为阶级已经消灭……”

18. √，解析：见《宪法》序言第八自然段：“在我国，剥削阶级作为阶级已经消灭，但是阶级斗争还将在一定范围内长期存在。”

19. ×，解析：见《宪法》序言第八自然段：“中国人民对敌视和破坏我国社会主义制度的国内外的敌对势力和敌对分子，必须进行斗争。”

20. √，解析：见《宪法》序言第九自然段："台湾是中华人民共和国的神圣领土的一部分。"
21. √，解析：见《宪法》序言第九自然段："完成统一祖国的大业是包括台湾同胞在内的全中国人民的神圣职责。"
22. √，解析：见《宪法》序言第十自然段："社会主义的建设事业必须依靠工人、农民和知识分子，团结一切可以团结的力量。"
23. √，解析：见《宪法》序言第十自然段："在长期的革命、建设、改革过程中，已经结成由中国共产党领导的，有各民主党派和各人民团体参加的，包括全体社会主义劳动者、社会主义事业的建设者、拥护社会主义的爱国者、拥护祖国统一和致力于中华民族伟大复兴的爱国者的广泛的爱国统一战线……"
24. √，解析：见《宪法》序言第十自然段："中国人民政治协商会议是有广泛代表性的统一战线组织，过去发挥了重要的历史作用，今后在国家政治生活、社会生活和对外友好活动中，在进行社会主义现代化建设、维护国家的统一和团结的斗争中，将进一步发挥它的重要作用。"
25. √，解析：见《宪法》序言第十自然段："中国共产党领导的多党合作和政治协商制度将长期存在和发展。"
26. √，解析：见《宪法》序言第十一自然段："中华人民共和国是全国各族人民共同缔造的统一的多民族国家。"
27. ×，解析：在我国，平等团结互助和谐的社会主义民族关系已经确立。见《宪法》序言第十一自然段。
28. √，解析：见《宪法》序言第十一自然段："在维护民族团结的斗争中，要反对大民族主义，主要是大汉族主义，也要反对地方民族主义。”

29. ×，解析：在维护民族团结的斗争中，也要反对地方民族主义。见《宪法》序言第十一自然段。

30. √，解析：见《宪法》序言第十一自然段：“国家尽一切努力，促进全国各民族的共同繁荣。”

31. √，解析：见《宪法》序言第十二自然段：“中国革命、建设、改革的成就是同世界人民的支持分不开的。”

32. √，解析：见《宪法》序言第十二自然段：“中国的前途是同世界的前途紧密地联系在一起的。”

33. √，解析：见《宪法》序言第十二自然段：“中国坚持独立自主的对外政策，坚持互相尊重主权和领土完整、互不侵犯、互不干涉内政、平等互利、和平共处的五项原则……”

34. √，解析：见《宪法》序言第十二自然段：“……坚持和平发展道路，坚持互利共赢开放战略，发展同各国的外交关系和经济、文化交流，推动构建人类命运共同体……”

35. √，解析：见《宪法》序言第十二自然段：“坚持反对帝国主义、霸权主义、殖民主义……”

36. √，解析：见《宪法》序言第十二自然段：“……加强同世界各国人民的团结，支持被压迫民族和发展中国家争取和维护民族独立、发展民族经济的正义斗争，为维护世界和平和促进人类进步事业而努力。”

37. √，解析：见《宪法》序言第十三自然段：“本宪法以法律的形式确认了中国各族人民奋斗的成果……”

38. √，解析：见《宪法》序言第十三自然段：“本宪法……规定了国家的根本制度和根本任务……”

39. √，解析：见《宪法》序言第十三自然段：“本宪法……是国家的根本法，具有最高的法律效力。”

40. √，解析：见《宪法》序言第十三自然段：“全国各族人民、一切国家机关和武装力量、各政党和各社会团体、各企业事业组织，都必须以宪法为根本的活动准则，并且负有维护宪法尊严、保证宪法实施的职责。”

二、单项选择题

1. A，解析：根据《宪法》序言第二自然段的表述，一八四〇年以后，封建的中国逐渐变成半殖民地、半封建的国家。
2. B，解析：根据《宪法》序言第四自然段的表述，一九一一年孙中山先生领导的辛亥革命，废除了封建帝制，创立了中华民国。
3. C，解析：见《宪法》序言第五自然段。一九四九年，以毛泽东主席为领袖的中国共产党领导中国各族人民，在经历了长期的艰难曲折的武装斗争和其他形式的斗争以后，终于推翻了帝国主义、封建主义和官僚资本主义的统治，取得了新民主主义革命的伟大胜利，建立了中华人民共和国。
4. C，解析：《宪法》序言第六自然段写道，中华人民共和国成立以后，我国社会逐步实现了由新民主主义到社会主义的过渡。
5. D，解析：《宪法》序言第七自然段写道，我国将长期处于社会主义初级阶段。
6. B，解析：《宪法》序言第八自然段写道，在我国，剥削阶级作为阶级已经消灭。
7. D，解析：《宪法》序言第八自然段写道，在我国，剥削阶级作为阶级已经消灭，但是阶级斗争还将在一定范围内长期存在。

三、多项选择题

1. ABD，解析：参见《宪法》序言第五自然段的表述："一九四九年，以毛泽东主席为领袖的中国共产党领导中国各族人民，在经历了长期的艰难曲折的武装斗争和其他形式的斗争以后，终于推翻了帝国主义、封建主义和官僚资本主义的统治，取得了新民主主义革命的伟大胜利，建立了中华人民共和国。"
2. AB，解析：参见《宪法》序言第六自然段的表述："中国人民和中国人民解放军战胜了帝国主义、霸权主义的侵略、破坏和武装挑衅，维护了国家的独立和安全，增强了国防。经济建设取得了重大的成就，独立的、比较完整的社会主义工业体系已经基本形成，农业生产显著提高。"
3. CD，解析：参见《宪法》序言第七自然段的表述："中国新民主主义革命的胜利和社会主义事业的成就，是中国共产党领导中国各族人民，在马克思列宁主义、毛泽东思想的指引下，坚持真理，修正错误，战胜许多艰难险阻而取得的。"
4. ABC，解析：参见《宪法》序言第七自然段的表述："中国各族人民将继续在中国共产党领导下，在马克思列宁主义、毛泽东思想、邓小平理论、"三个代表"重要思想、科学发展观、习近平新时代中国特色社会主义思想指引下，坚持人民民主专政，坚持社会主义道路，坚持改革开放，不断完善社会主义的各项制度，发展社会主义市场经济，发展社会主义民主，健全社会主义法治，贯彻新发展理念，自力更生，艰苦奋斗，逐步实现工业、农业、国防和科学技术的现代化，推动物质文明、政治文明、精神文明、社会文明、生态文明协调发展，把我国建设成为富强民主文明和谐美丽的社会主义现代化强国，实现中华民族伟大复兴。"

5. BCD，解析：参见《宪法》序言第十自然段的表述："社会主义的建设事业必须依靠工人、农民和知识分子，团结一切可以团结的力量。"

6. BCD，解析：参见《宪法》序言第十二自然段的表述："坚持反对帝国主义、霸权主义、殖民主义，加强同世界各国人民的团结，支持被压迫民族和发展中国家争取和维护民族独立、发展民族经济的正义斗争，为维护世界和平和促进人类进步事业而努力。"

7. ABCD，解析：参见《宪法》序言第十三自然段的表述："本宪法以法律的形式确认了中国各族人民奋斗的成果，规定了国家的根本制度和根本任务，是国家的根本法，具有最高的法律效力。全国各族人民、一切国家机关和武装力量、各政党和各社会团体、各企业事业组织，都必须以宪法为根本的活动准则，并且负有维护宪法尊严、保证宪法实施的职责。"

四、填空题

1. 中国各族人民；革命传统
2. 半殖民地；半封建；国家独立；民族解放；民主自由
3. 二十世纪
4. 孙中山；辛亥革命；中华民国；帝国主义；封建主义
5. 毛泽东；官僚资本主义；新民主主义；中华人民共和国；主人
6. 社会主义；人剥削人；社会主义
7. 工人阶级；工农联盟；人民民主专政
8. 中国人民解放军
9. 新民主主义革命；社会主义事业；马克思列宁主义；毛泽东思想
10. 社会主义初级
11. 中国特色；社会主义现代化

12. 科学发展观；习近平新时代中国特色社会主义思想；人民民主专政；社会主义道路；改革开放
13. 剥削阶级；阶级斗争；必须进行斗争
14. 统一祖国
15. 工人；农民；知识分子
16. 中国共产党；各民主党派；各人民团体；全体社会主义劳动者；社会主义事业的建设者；拥护社会主义的爱国者；拥护祖国统一；致力于中华民族伟大复兴的爱国者
17. 中国人民政治协商会议；中国共产党领导的多党合作和政治协商
18. 统一的多民族；平等团结互助和谐；大民族主义；大汉族主义；地方民族主义
19. 世界人民；独立自主；互相尊重主权和领土完整；互不侵犯；互不干涉内政；平等互利；和平共处；互利共赢开放；人类命运共同体
20. 根本制度；根本任务；根本法；法律效力；根本的活动准则

第一章　总　纲

一、判断题

1. 中华人民共和国是工人阶级领导的、以工农联盟为基础的人民民主专政的社会主义国家。(　　)
2. 社会主义制度是中华人民共和国的根本制度。中国共产党领导是中国特色社会主义最本质的特征。(　　)
3. 中华人民共和国的一切权力属于人民。(　　)
4. 人民行使国家权力的机关是全国人民代表大会。(　　)
5. 人民可以通过各种途径和形式，管理国家事务，管理经济和文化事业，管理社会事务。(　　)
6. 中华人民共和国的国家机构实行民主集中制的原则。(　　)
7. 全国人民代表大会和地方各级人民代表大会都由民主选举产生。(　　)
8. 国家行政机关、监察机关、审判机关、检察机关都由人民代表大会产生，对国家主席负责。(　　)
9. 地方的国家机构职权的划分，由地方自己决定。(　　)
10. 国家保障各少数民族的合法的权利和利益，维护和发展各民族的平等团结互助和谐关系。(　　)
11. 国家禁止对任何民族的歧视和压迫，禁止破坏民族团结和制

造民族分裂的行为。(　　)

12. 国家根据各少数民族的特点和需要，帮助各少数民族地区加速经济和文化的发展。(　　)

13. 各民族都有使用和发展自己的语言文字、保持或者改革自己的风俗习惯的自由。(　　)

14. 中华人民共和国实行依法治国，建设社会主义法治国家。(　　)

15. 一切法律、行政法规和地方性法规都不得同宪法相抵触。(　　)

16. 违反宪法的行为，情节严重的，应予以追究。(　　)

17. 任何组织或者个人都不得有超越宪法的特权，可以在特殊的情况下超越法律的界限。(　　)

18. 中华人民共和国的社会主义经济制度的基础是生产资料的社会主义公有制，即全民所有制和个别群众集体所有制。(　　)

19. 社会主义公有制消灭人剥削人的制度，实行各尽所能、按需分配的原则。(　　)

20. 国家在社会主义初级阶段，坚持公有制为主体、多种所有制经济共同发展的基本经济制度，坚持按劳分配为主体、多种分配方式并存的分配制度。(　　)

21. 国有经济就是社会主义全民所有制经济。(　　)

22. 国有经济是国民经济中的重要力量。(　　)

23. 农村集体经济组织实行家庭承包经营为基础的单层经营体制。(　　)

24. 农村中的生产、供销、信用、消费等各种形式的合作经济，是社会主义劳动群众集体所有制经济。(　　)

25. 劳动者有权在法律规定的范围内经营自留地、自留山、家庭

副业和饲养自留畜。（　　）

26. 城镇中的手工业、工业、建筑业、运输业、商业、服务业等行业的各种形式的合作经济，都是社会主义劳动群众集体所有制经济。（　　）

27. 国家保护城乡集体经济组织的合法的权利和利益，鼓励、指导和帮助集体经济的发展。（　　）

28. 矿藏、水流、森林、山岭、草原、荒地、滩涂等自然资源，都属于国家所有。（　　）

29. 我国存在属于集体所有的森林和山岭、草原、荒地、滩涂。（　　）

30. 国家保障自然资源的合理利用，保护珍贵的动物和植物。禁止任何组织或者个人用任何手段侵占或者破坏自然资源。（　　）

31. 城市的土地属于国家所有。（　　）

32. 农村和城市郊区的土地都属于集体所有。（　　）

33. 宅基地和自留地、自留山都属于国家所有。（　　）

34. 国家不得对土地实行征收或者征用。（　　）

35. 任何组织或者个人不得侵占、买卖或者以其他形式非法转让土地。（　　）

36. 一切使用土地的组织和个人可以随意利用土地。（　　）

37. 个体经济、私营经济等非公有制经济，是社会主义市场经济的重要组成部分。（　　）

38. 国家保护个体经济、私营经济等非公有制经济的合法的权利和利益。（　　）

39. 国家鼓励、支持和引导公有制经济的发展，并对非公有制经济依法实行监督和管理。（　　）

40. 社会主义的公共财产神圣不可侵犯。（　　）

41. 国家保护社会主义的公共财产。禁止任何组织或者个人用任何手段侵占或者破坏国家的和集体的财产。(　　)
42. 公民的私有财产不受侵犯。(　　)
43. 国家依照法律规定保护公民的私有财产权和继承权。(　　)
44. 国家不得对公民的私有财产实行征收或者征用。(　　)
45. 国家通过提高劳动者的积极性和技术水平，推广先进的科学技术，完善经济管理体制和企业经营管理制度，实行各种形式的社会主义责任制，改进劳动组织，以不断提高劳动生产率和经济效益，发展社会生产力。(　　)
46. 国家厉行节约，反对浪费。(　　)
47. 国家合理安排积累和消费，兼顾国家、集体和个人的利益，以逐步改善人民的物质生活和文化生活为第一要义。(　　)
48. 国家建立健全同经济发展水平相适应的社会保障制度。(　　)
49. 国家加强经济立法，完善宏观调控。(　　)
50. 国家依法禁止任何组织或者个人扰乱社会经济秩序。(　　)
51. 国有企业在法律规定的范围内有权自主经营。(　　)
52. 国有企业依照法律规定，通过职工委员会实行民主管理。(　　)
53. 集体经济组织有独立进行经济活动的自主权。(　　)
54. 集体经济组织实行民主管理，通过内部协商，决定经营管理的重大问题。(　　)
55. 中华人民共和国允许外国的企业和其他经济组织或者个人依照中华人民共和国法律的规定在中国投资，同中国的企业或者其他经济组织进行各种形式的经济合作。(　　)
56. 在中国境内的外国企业和其他外国经济组织以及中外合资经

营的企业，都必须遵守中华人民共和国的法律。它们的合法的权利和利益受中华人民共和国法律的保护。(　　)

57. 国家发展社会主义的教育事业，提高全国人民的经济水平。(　　)

58. 国家普及初等义务教育和学前教育，发展中等教育、职业教育和高等教育。(　　)

59. 国家发展各种教育设施，扫除文盲，对工人、农民、国家工作人员和其他劳动者进行政治、文化、科学、技术、业务的教育，鼓励自学成才。(　　)

60. 国家鼓励社会力量依照法律规定举办各种教育事业。(　　)

61. 国家推广全国通用的普通话。(　　)

62. 国家发展自然科学和社会科学事业，普及科学和技术知识，奖励科学研究成果和技术发明创造。(　　)

63. 国家发展医疗卫生事业，发展现代医药和我国传统医药。(　　)

64. 国家鼓励和支持农村集体经济组织、国家企业事业组织和街道组织举办各种医疗卫生设施，开展群众性的卫生活动，保护人民健康。(　　)

65. 国家发展体育事业，开展群众性的体育活动，增强人民体质。(　　)

66. 国家发展文学艺术事业、新闻广播电视事业、出版发行事业、图书馆博物馆文化馆和其他文化事业，开展群众性的文化活动。(　　)

67. 国家保护名胜古迹、珍贵文物和其他重要历史文化遗产。(　　)

68. 国家培养各种专业人才，扩大知识分子的队伍，创造条件，

充分发挥他们在社会主义现代化建设中的作用。( )

69. 国家通过普及理想教育、道德教育、文化教育、纪律和法制教育，通过在城乡不同范围的群众中制定和执行各种守则、公约，加强社会主义精神文明的建设。( )

70. 国家倡导社会主义核心价值观，提倡爱祖国、爱人民、爱劳动、爱科学、爱社会主义的公德，在人民中进行爱国主义、集体主义和国际主义、共产主义的教育。( )

71. 国家反对资本主义的、封建主义的和其他的腐朽思想。( )

72. 国家推行计划生育，使人口的增长同经济和社会发展计划相适应。( )

73. 国家保护和改善生活环境和生态环境，防治污染和其他公害。( )

74. 国家组织和鼓励植树造林，保护林木。( )

75. 一切国家机关实行精简的原则，实行领导责任制，实行工作人员的培训和考核制度。( )

76. 一切国家机关要不断提高工作质量和工作效率，反对官僚主义。( )

77. 一切国家机关和国家工作人员必须依靠人民的支持，经常保持同人民的密切联系，倾听人民的意见和建议，接受人民的监督，努力为人民服务。( )

78. 国家维护社会秩序，镇压叛国和其他危害国家安全的犯罪活动，制裁危害社会治安、破坏社会主义经济和其他犯罪的活动，对一切犯罪分子都要严格惩办。( )

79. 国家工作人员就职时应当依照法律规定公开进行宪法宣誓。( )

80. 国家加强武装力量的革命化、现代化、正规化的建设，增强国防力量。(　　)
81. 中华人民共和国全国分为省、自治区、直辖市。(　　)
82. 中华人民共和国的省、自治区分为自治州、县、自治县、市。(　　)
83. 中华人民共和国的县、自治县分为乡、民族乡、镇、大队。(　　)
84. 只有直辖市分为区、县。(　　)
85. 自治州分为县、自治县、市。(　　)
86. 自治区、自治州、自治县、自治乡都是民族自治地方。(　　)
87. 国家随时都可以设立特别行政区。(　　)
88. 在特别行政区内实行的制度按照具体情况由特区政府以法律规定。(　　)
89. 中华人民共和国保护在中国境内的外国人的合法权利和利益。(　　)
90. 在中国境内的外国人必须遵守中华人民共和国的法律。(　　)
91. 中华人民共和国对于因为经济原因要求避难的外国人，可以给予受庇护的权利。(　　)

二、单项选择题

1. 中华人民共和国是(　　)领导的、以工农联盟为基础的人民民主专政的社会主义国家。

A. 无产阶级　　B. 农民阶级

C. 知识分子　　D. 工人阶级

2. (　　)是中国特色社会主义最本质的特征。

A. 中国共产党的领导　　B. 党的政治建设
C. 党的思想建设　　D. 改革开放

3. 中华人民共和国的一切权力属于（　　）。
A. 公民　　B. 人民
C. 政府　　D. 农民

4. 人民行使国家权力的机关是（　　）。
A. 全国人民代表大会
B. 地方人民大会
C. 全国人民代表大会和地方各级人民代表大会
D. 各级政府

5. 中华人民共和国的国家机构实行（　　）的原则。
A. 议行合一　　B. 民主集中制
C. 三权分立　　D. 领导负责制

6. 中华人民共和国实行（　　），建设社会主义法治国家。
A. 依法治国　　B. 人民代表大会制度
C. 民主集中制　　D. 以德治国

7. 国家维护社会主义法制的（　　）。
A. 健全　　B. 完整
C. 统一和尊严　　D. 先进性

8. 社会主义公有制消灭人剥削人的制度，实行（　　）的原则。
A. 按劳分配　　B. 按需分配
C. 各尽所能、按劳分配　　D. 全民所有

9. 国有经济，即社会主义全民所有制经济，是国民经济中的（　　）。
A. 决定力量　　B. 重要力量
C. 主导力量　　D. 一部分

10. 城市的土地属于（　　）所有。

A. 城市居民　　B. 个人

C. 国家　　D. 政府

11. 农村和城市郊区的土地，除由法律规定属于国家所有的以外，属于（　　）所有。

A. 集体　　B. 国家

C. 个人　　D. 政府

12. 国家为了（　　）的需要，可以依照法律规定对土地实行征收或者征用并给予补偿。

A. 经济利益　　B. 国家利益

C. 公共利益　　D. 社会和谐

13. 国有企业依照法律规定，通过（　　）和其他形式，实行民主管理。

A. 董事会　　B. 员工大会

C. 监事会　　D. 职工代表大会

14. 国家通过普及理想教育、道德教育、文化教育、纪律和法制教育，通过在城乡不同范围的群众中制定和执行各种守则、公约，加强（　　）的建设。

A. 社会主义新农村　　B. 社会主义经济

C. 社会主义精神文明　　D. 守法理念

15. 下列哪一项不属于民族自治地方？（　　）

A. 自治州　　B. 自治乡

C. 自治区　　D. 自治县

16. 外国人因下列哪一种原因要求避难，中华人民共和国可以给予其受庇护的权利？（　　）

A. 政治原因　　B. 经济原因

C. 个人原因　　　　D. 身体原因

三、多项选择题

1. 人民依照法律规定，通过各种途径和形式，(　　)。

A. 管理社会事务　　　　B. 管理经济事业

C. 管理文化事业　　　　D. 管理国家事务

2. 全国人民代表大会和地方各级人民代表大会都由民主选举产生，(　　)。

A. 受政府监督　　　　B. 对政府负责

C. 受人民监督　　　　D. 对人民负责

3. (　　) 都由人民代表大会产生，对它负责，受它监督。

A. 国家行政机关　　　　B. 监察机关

C. 审判机关　　　　D. 检察机关

4. 中央和地方的国家机构职权的划分，遵循在中央的统一领导下，充分发挥地方的 (　　) 的原则。

A. 主动性　　　　B. 组织性

C. 调动性　　　　D. 积极性

5. 国家保障各少数民族的合法的权利和利益，维护和发展各民族的 (　　) 关系。禁止对任何民族的歧视和压迫，禁止破坏民族团结和制造民族分裂的行为。

A. 平等　　　　B. 团结

C. 互助　　　　D. 和谐

6. 根据《宪法》的规定，各民族有哪些自由？(　　)

A. 使用自己的语言

B. 发展自己的文字

C. 改革自己的风俗习惯

D. 保持自己的风俗习惯

7.（　　）都必须遵守宪法和法律。一切违反宪法和法律的行为，必须予以追究。

A. 国家机关　　B. 政党和各社会团体

C. 企业事业组织　　D. 武装力量

8. 中华人民共和国的社会主义经济制度的基础是生产资料的（　　）。

A. 社会主义公有制　　B. 全民所有制

C. 劳动群众集体所有制　　D. 个人私有制

9. 我国在社会主义初级阶段，坚持的基本经济制度和分配制度是（　　）。

A. 公有制为主体、多种所有制经济共同发展

B. 按劳分配为主体、多种分配方式并存

C. 计划生育制度

D. 义务教育制度

10. 下列哪些选项的内容属于社会主义劳动群众集体所有制经济？（　　）

A. 农村中各种形式的合作经济

B. 城镇中的各种形式的手工业合作经济

C. 城镇中的各种形式的商业合作经济

D. 城镇中的各种形式的服务业合作经济

11. 下列哪些自然资源可以由法律规定属于集体所有？（　　）

A. 草原　　B. 山岭

C. 森林　　D. 滩涂

12. 下列哪些说法有误？（　　）

A. 城市的土地属于国家所有

B. 农村的土地属于集体所有

C. 宅基地属于公民个人所有

D. 自留地属于集体所有

13. 依据《宪法》原文，下列哪些说法有误？（ ）

A. 社会主义的公共财产不受侵犯

B. 禁止任何组织或者个人用任何手段破坏公民的个人财产

C. 公民的合法私有财产神圣不可侵犯

D. 国家为了公共利益的需要，可以依法征收公民的私有财产但要给予补偿

14. 下列哪些说法正确？（ ）

A. 国家普及初等义务教育

B. 国家发展中等教育

C. 国家发展学前教育

D. 国家发展职业教育

15. 下列哪些选项的内容是国家机关工作人员必须要做到的？（ ）

A. 经常保持同人民的密切联系

B. 倾听人民的意见和建议

C. 接受人民的监督

D. 努力为人民服务

16. 下列选项中，属于中华人民共和国武装力量的任务的是（ ）

A. 巩固国防　　B. 维护社会治安

C. 参加国家建设事业　　D. 抵抗侵略

四、填空题

1. 中华人民共和国是________领导的、以________为基础的人

民民主专政的________国家。

2. 社会主义制度是中华人民共和国的________制度。中国共产党领导是中国特色社会主义________的特征。禁止任何组织或者个人________社会主义制度。

3. 中华人民共和国的一切权力属于________。

4. 人民行使________的机关是全国人民代表大会和地方各级人民代表大会。

5. 人民依照法律规定，通过各种途径和形式，管理________，管理经济和文化事业，管理社会事务。

6. 中华人民共和国的国家机构实行________的原则。

7. 全国人民代表大会和地方各级人民代表大会都由______产生，对人民负责，受人民监督。

8. 国家行政机关、监察机关、审判机关、检察机关都由____________产生，对它负责，受它监督。

9. 中央和地方的国家机构职权的划分，遵循在______的统一领导下，充分发挥地方的主动性、积极性的原则。

10. 中华人民共和国各民族____________。国家保障各少数民族的合法的权利和利益，维护和发展各民族的平等团结互助和谐关系。禁止对任何民族的______和______，禁止破坏民族______和制造民族______的行为。

11. 国家根据各少数民族的特点和需要，帮助各少数民族地区加速______和______的发展。

12. 各少数民族聚居的地方实行__________，设立自治机关，行使自治权。各民族自治地方都是中华人民共和国__________的部分。

13. 各民族都有使用和发展自己的________的自由，都有保持或者改革自己的________的自由。

14. 中华人民共和国实行________，建设社会主义法治国家。

15. 国家维护社会主义法制的______和______。

16. 一切法律、行政法规和地方性法规都不得同______相抵触。

17. 一切国家机关和武装力量、各政党和各社会团体、各企业事业组织都必须遵守______和______。一切违反宪法和法律的行为，必须________。

18. 任何组织或者个人都不得有超越宪法和法律的________。

19. 中华人民共和国的社会主义经济制度的基础是________的社会主义公有制，即全民所有制和劳动群众集体所有制。社会主义公有制消灭人剥削人的制度，实行________、按劳分配的原则。

20. 国家在社会主义初级阶段，坚持________为主体、________共同发展的基本经济制度，坚持________为主体、________并存的分配制度。

21. 国有经济，即______________经济，是________中的主导力量。国家保障国有经济的巩固和发展。

22. 农村集体经济组织实行____________为基础、__________的双层经营体制。农村中的生产、供销、信用、消费等各种形式的合作经济，是社会主义________集体所有制经济。参加农村集体经济组织的劳动者，有权在__________规定的范围内经营自留地、自留山、家庭副业和饲养自留畜。

23. 城镇中的手工业、工业、建筑业、运输业、商业、服务业等行业的各种形式的合作经济，都是社会主义__________集体所有制经济。

24. 矿藏、水流、森林、山岭、草原、荒地、滩涂等________，都属于______所有，即全民所有；由法律规定属于集体所有的森林和山岭、草原、荒地、滩涂除外。

25. 国家保障自然资源的________利用，保护珍贵的动物和植物。禁止任何组织或者个人用任何手段侵占或者破坏________。

26. 城市的土地属于______所有。

27. 农村和城市郊区的土地，除由法律规定属于国家所有的以外，属于________所有；________和自留地、自留山，也属于集体所有。

28. 国家为了公共利益的需要，可以依照法律规定对土地实行________或者________并给予补偿。

29. 任何组织或者个人不得侵占、买卖或者以其他形式非法__________。土地的使用权可以依照法律的规定转让。

30. 一切使用土地的组织和个人必须______地利用土地。

31. 在法律规定范围内的个体经济、____________等非公有制经济，是社会主义________的重要组成部分。

32. 社会主义的公共财产____________。

33. 国家保护社会主义的__________。禁止任何组织或者个人用任何手段侵占或者破坏国家的和集体的财产。

34. 公民的______私有财产不受侵犯。

35. 国家______________保护公民的私有财产权和继承权。

36. 国家为了__________的需要，可以依照法律规定对公民的私有财产实行征收或者征用并__________。

37. 国家通过提高劳动者的积极性和技术水平，推广先进的科学技术，完善经济管理体制和企业经营管理制度，实行各种形式的__________，改进劳动组织，以不断提高劳动生产率和__________，发展社会生产力。

38. 国家厉行节约，反对______。

39. 国家合理安排积累和消费，兼顾国家、集体和个人的利益，在__________的基础上，逐步改善人民的__________生活和__________生活。

40. 国家建立健全同__________水平相适应的社会保障制度。

41. 国家加强经济立法，完善________。

42. 国有企业在法律规定的范围内有权________。

43. 国有企业依照法律规定，通过____________和其他形式，实行______管理。

44. 集体经济组织在遵守有关法律的前提下，有独立进行______________的自主权。

45. 在中国境内的__________和其他外国经济组织以及中外合资经营的企业，都必须遵守中华人民共和国的法律。它们的合法的权利和利益受中华人民共和国法律的保护。

46. 国家发展社会主义的教育事业，提高全国人民的__________水平。

47. 国家举办各种学校，普及________教育，发展中等教育、职业教育和高等教育，并且发展学前教育。

48. 国家发展各种教育设施，扫除文盲，对工人、农民、国家工作人员和其他劳动者进行政治、文化、科学、技术、业务的教育，鼓励__________。

49. 国家推广全国通用的________。

50. 国家发展__________和社会科学事业，普及科学和技术知识，奖励科学研究成果和技术发明创造。

51. 国家发展医疗卫生事业，发展现代医药和我国____________，鼓励和支持农村集体经济组织、国家企业事业组织和街道组织举办各种医疗卫生设施，开展群众性的卫生活动，保护__________。

52. 国家发展体育事业，开展群众性的体育活动，增强________。

53. 国家发展为人民服务、为社会主义服务的__________事业、新闻广播电视事业、出版发行事业、图书馆博物馆文化馆和其他文化事业，开展群众性的文化活动。

54. 国家保护__________、珍贵文物和其他重要历史文化遗产。

55. 国家培养为社会主义服务的各种专业人才，扩大__________的队伍，创造条件，充分发挥他们在______________中的作用。

56. 国家通过普及理想教育、道德教育、文化教育、纪律和法制教育，通过在城乡不同范围的群众中制定和执行各种守则、公约，加强____________________的建设。

57. 国家提倡爱祖国、爱人民、爱劳动、________、爱社会主义的公德，在人民中进行爱国主义、__________和国际主义、共产主义的教育，进行辩证唯物主义和______________的教育，反对资本主义的、封建主义的和其他的______思想。

58. 国家推行__________，使人口的增长同经济和社会发展计划相适应。

59. 国家保护和改善生活环境和____________，防治污染和其他公害。

60. 一切国家机关实行______的原则，实行工作责任制，实行工作人员的培训和考核制度，不断提高工作质量和工作效率，反对__________。

61. 一切国家机关和国家工作人员必须依靠______的支持，经常保持同人民的密切联系，倾听人民的意见和建议，接受人民的________，努力____________。

62. 国家工作人员就职时应当依照法律规定公开进行________。

63. 国家维护社会秩序，镇压叛国和其他危害国家安全的__________，制裁危害社会治安、破坏社会主义经济和其他犯罪的活动，惩办和改造__________。

64. 中华人民共和国的武装力量属于人民。它的任务是巩固国防，抵抗侵略，__________，保卫人民的和平劳动，参加国家建设事业，努力为人民服务。

65. 国家在必要时得设立__________。在特别行政区内实行的制度按照具体情况由____________________以法律规定。

66. 中华人民共和国保护在中国境内的外国人的合法权利和利益，在中国境内的外国人必须遵守____________的法律。

67. 中华人民共和国对于因为__________要求避难的外国人，可以给予受________的权利。

参考答案

一、判断题

1. √，解析：《宪法》第 1 条第 1 款规定，中华人民共和国是工人阶级领导的、以工农联盟为基础的人民民主专政的社会主义国家。

2. √，解析：《宪法》第 1 条第 2 款规定，社会主义制度是中华人民共和国的根本制度。中国共产党领导是中国特色社会主义最本质的特征。禁止任何组织或者个人破坏社会主义制度。

3. √，解析：《宪法》第 2 条第 1 款规定，中华人民共和国的一切权力属于人民。

4. ×，解析:《宪法》第 2 条第 2 款规定，人民行使国家权力的机关是全国人民代表大会和地方各级人民代表大会。
5. ×，解析:《宪法》第 2 条第 3 款规定，人民依照法律规定，通过各种途径和形式，管理国家事务，管理经济和文化事业，管理社会事务。题中的表述少了“依照法律规定”，因此是错误的。
6. √，解析:《宪法》第 3 条第 1 款规定，中华人民共和国的国家机构实行民主集中制的原则。
7. √，解析:《宪法》第 3 条第 2 款规定，全国人民代表大会和地方各级人民代表大会都由民主选举产生，对人民负责，受人民监督。
8. ×，解析:《宪法》第 3 条第 3 款规定，国家行政机关、监察机关、审判机关、检察机关都由人民代表大会产生，对它负责，受它监督。由此可见，题中表述的“对国家主席负责”是错误的。
9. ×，解析:《宪法》第 3 条第 4 款规定，中央和地方的国家机构职权的划分，遵循在中央的统一领导下，充分发挥地方的主动性、积极性的原则。题中所述的“地方的国家机构职权的划分，由地方自己决定”是错误的。
10. √，解析:《宪法》第 4 条规定，国家保障各少数民族的合法的权利和利益，维护和发展各民族的平等团结互助和谐关系。
11. √，解析:《宪法》第 4 条规定:“禁止对任何民族的歧视和压迫，禁止破坏民族团结和制造民族分裂的行为。”
12. √，解析:《宪法》第 4 条第 2 款规定，国家根据各少数民族的特点和需要，帮助各少数民族地区加速经济和文化的发展。

13. √，解析:《宪法》第 4 条第 4 款规定，各民族都有使用和发展自己的语言文字的自由，都有保持或者改革自己的风俗习惯的自由。

14. √，解析:《宪法》第 5 条第 1 款规定，中华人民共和国实行依法治国，建设社会主义法治国家。

15. √，解析:《宪法》第 5 条第 3 款规定，一切法律、行政法规和地方性法规都不得同宪法相抵触。

16. ×，解析:《宪法》第 5 条第 4 款规定，一切违反宪法和法律的行为，必须予以追究。所以，违反宪法和法律的行为无论严重与否，一律予以追究。

17. ×，解析:《宪法》第 5 条第 5 款规定，任何组织或者个人都不得有超越宪法和法律的特权。所以题中的表述是错误的，无论是宪法还是法律，都不得超越。

18. ×，解析:《宪法》第 6 条第 1 款规定，中华人民共和国的社会主义经济制度的基础是生产资料的社会主义公有制，即全民所有制和劳动群众集体所有制。题中将“劳动群众集体所有制”写成了“个别群众集体所有制”，因此是错误的。

19. ×，解析:《宪法》第 6 条第 1 款规定，社会主义公有制消灭人剥削人的制度，实行各尽所能、按劳分配的原则。题中表述的“按需分配”是错误的。

20. √，解析:《宪法》第 6 条第 2 款规定，国家在社会主义初级阶段，坚持公有制为主体、多种所有制经济共同发展的基本经济制度，坚持按劳分配为主体、多种分配方式并存的分配制度。

21. √，解析:《宪法》第 7 条规定，国有经济，即社会主义全民所有制经济，是国民经济中的主导力量。国家保障国有经济的巩固和发展。

22. ×，解析:《宪法》第 7 条规定，国有经济，即社会主义全民所有制经济，是国民经济中的主导力量。国家保障国有经济的巩固和发展。题中所说的“重要力量”是错误的。

23. ×，解析:《宪法》第 8 条第 1 款规定，农村集体经济组织实行家庭承包经营为基础、统分结合的双层经营体制。题中所说的“单层经营体制”是错误的。

24. √，解析:《宪法》第 8 条规定，农村中的生产、供销、信用、消费等各种形式的合作经济，是社会主义劳动群众集体所有制经济。

25. ×，解析:《宪法》第 8 条第 1 款规定，参加农村集体经济组织的劳动者，有权在法律规定的范围内经营自留地、自留山、家庭副业和饲养自留畜。题中所说的“劳动者”范围过宽，劳动者并非都参加了农村集体经济组织，因此是错误的。

26. √，解析:《宪法》第 8 条规定，城镇中的手工业、工业、建筑业、运输业、商业、服务业等行业的各种形式的合作经济，都是社会主义劳动群众集体所有制经济。

27. √，解析:《宪法》第 8 条第 3 款规定，国家保护城乡集体经济组织的合法的权利和利益，鼓励、指导和帮助集体经济的发展。

28. ×，解析:《宪法》第 9 条规定，矿藏、水流、森林、山岭、草原、荒地、滩涂等自然资源，都属于国家所有，即全民所有；由法律规定属于集体所有的森林和山岭、草原、荒地、滩涂除外。

29. √，解析:《宪法》第 9 条规定：“……由法律规定属于集体所有的森林和山岭、草原、荒地、滩涂除外。”所以，本题的表述是正确的。

30. √，解析:《宪法》第 9 条第 2 款规定，国家保障自然资源的合理利用，保护珍贵的动物和植物。禁止任何组织或者个人用任何手段侵占或者破坏自然资源。

31. √，解析:《宪法》第 10 条规定，城市的土地属于国家所有。

32. ×，解析:《宪法》第 10 条第 2 款规定，农村和城市郊区的土地，除由法律规定属于国家所有的以外，属于集体所有。

33. ×，解析:《宪法》第 10 条第 2 款规定，农村和城市郊区的土地，除由法律规定属于国家所有的以外，属于集体所有；宅基地和自留地、自留山，也属于集体所有。

34. ×，解析，《宪法》第 10 条第 3 款规定，国家为了公共利益的需要，可以依照法律规定对土地实行征收或者征用并给予补偿。

35. √，解析:《宪法》第 10 条第 4 款规定，任何组织或者个人不得侵占、买卖或者以其他形式非法转让土地。

36. ×，解析:《宪法》第 10 条第 5 款规定，一切使用土地的组织和个人必须合理地利用土地。题中所述的“可以随意利用土地”的说法是错误的。

37. ×，解析:《宪法》第 11 条第 1 款规定，在法律规定范围内的个体经济、私营经济等非公有制经济，是社会主义市场经济的重要组成部分。题目中没有“在法律规定范围内”的限定，因此是错误的。

38. √，解析:《宪法》第 11 条第 2 款规定，国家保护个体经济、私营经济等非公有制经济的合法的权利和利益。

39. ×，解析:《宪法》第 11 条第 2 款规定，国家鼓励、支持和引导非公有制经济的发展，并对非公有制经济依法实行监督和管理。

40. √，解析：《宪法》第 12 条第 1 款规定，社会主义的公共财产神圣不可侵犯。

41. √，解析：《宪法》第 12 条第 2 款规定，国家保护社会主义的公共财产。禁止任何组织或者个人用任何手段侵占或者破坏国家的和集体的财产。

42. ×，解析：《宪法》第 13 条第 1 款规定，公民的合法的私有财产不受侵犯。题目中对公民的财产少了“合法”二字的限定。

43. √，解析：《宪法》第 13 条第 2 款规定，国家依照法律规定保护公民的私有财产权和继承权。

44. ×，解析：《宪法》第 13 条第 3 款规定，国家为了公共利益的需要，可以依照法律规定对公民的私有财产实行征收或者征用并给予补偿。

45. √，解析：《宪法》第 14 条第 1 款规定，国家通过提高劳动者的积极性和技术水平，推广先进的科学技术，完善经济管理体制和企业经营管理制度，实行各种形式的社会主义责任制，改进劳动组织，以不断提高劳动生产率和经济效益，发展社会生产力。

46. √，解析：《宪法》第 14 条第 2 款规定，国家厉行节约，反对浪费。

47. ×，解析：《宪法》第 14 条第 3 款规定，国家合理安排积累和消费，兼顾国家、集体和个人的利益，在发展生产的基础上，逐步改善人民的物质生活和文化生活。

48. √，解析：《宪法》第 14 条第 4 款规定，国家建立健全同经济发展水平相适应的社会保障制度。

49. √，解析：《宪法》第 15 条第 2 款规定，国家加强经济立法，完善宏观调控。

50. √，解析：《宪法》第 15 条第 3 款规定，国家依法禁止任何组织或者个人扰乱社会经济秩序。

51. √，解析：《宪法》第 16 条第 1 款规定，国有企业在法律规定的范围内有权自主经营。

52. ×，解析：《宪法》第 16 条第 2 款规定，国有企业依照法律规定，通过职工代表大会和其他形式，实行民主管理。

53. ×，解析：《宪法》第 17 条第 1 款规定，集体经济组织在遵守有关法律的前提下，有独立进行经济活动的自主权。题目中的表述漏掉了"在遵守有关法律的前提下"。

54. ×，解析：《宪法》第 17 条第 2 款规定，集体经济组织实行民主管理，依照法律规定选举和罢免管理人员，决定经营管理的重大问题。

55. √，解析：《宪法》第 18 条规定，中华人民共和国允许外国的企业和其他经济组织或者个人依照中华人民共和国法律的规定在中国投资，同中国的企业或者其他经济组织进行各种形式的经济合作。

56. √，解析：《宪法》第 18 条第 2 款规定，在中国境内的外国企业和其他外国经济组织以及中外合资经营的企业，都必须遵守中华人民共和国的法律。它们的合法的权利和利益受中华人民共和国法律的保护。

57. ×，解析：《宪法》第 19 条第 1 款规定，国家发展社会主义的教育事业，提高全国人民的科学文化水平。题目中说的是"经济水平"，表达有误。

58. ×，解析：《宪法》第 19 条第 2 款规定，国家举办各种学校，普及初等义务教育，发展中等教育、职业教育和高等教育，并且发展学前教育。

59. √，解析：《宪法》第 19 条第 3 款规定，国家发展各种教育设施，扫除文盲，对工人、农民、国家工作人员和其他劳动者进行政治、文化、科学、技术、业务的教育，鼓励自学成才。

60. √，解析：《宪法》第 19 条规定，国家鼓励集体经济组织、国家企业事业组织和其他社会力量依照法律规定举办各种教育事业。

61. √，解析：《宪法》第 19 条第 5 款规定，国家推广全国通用的普通话。

62. √，解析：《宪法》第 20 条规定，国家发展自然科学和社会科学事业，普及科学和技术知识，奖励科学研究成果和技术发明创造。

63. √，解析：《宪法》第 21 条规定："国家发展医疗卫生事业，发展现代医药和我国传统医药……"

64. √，解析：《宪法》第 21 条规定："……鼓励和支持农村集体经济组织、国家企业事业组织和街道组织举办各种医疗卫生设施，开展群众性的卫生活动，保护人民健康。"

65. √，解析：《宪法》第 21 条规定，国家发展体育事业，开展群众性的体育活动，增强人民体质。

66. ×，解析：《宪法》第 22 条第 1 款规定，国家发展为人民服务、为社会主义服务的文学艺术事业、新闻广播电视事业、出版发行事业、图书馆博物馆文化馆和其他文化事业，开展群众性的文化活动。

67. √，解析：《宪法》第 22 条第 2 款规定，国家保护名胜古迹、珍贵文物和其他重要历史文化遗产。

68. ×，解析：《宪法》第 23 条规定，国家培养为社会主义服务的各种专业人才，扩大知识分子的队伍，创造条件，充分发挥他们在社会主义现代化建设中的作用。

69. √，解析：《宪法》第 24 条规定，国家通过普及理想教育、道德教育、文化教育、纪律和法制教育，通过在城乡不同范围的群众中制定和执行各种守则、公约，加强社会主义精神文明的建设。

70. √，解析：《宪法》第 24 条第 2 款规定："国家倡导社会主义核心价值观，提倡爱祖国、爱人民、爱劳动、爱科学、爱社会主义的公德，在人民中进行爱国主义、集体主义和国际主义、共产主义的教育……"

71. √，解析：《宪法》第 24 条第 2 款规定："……反对资本主义的、封建主义的和其他的腐朽思想。"

72. √，解析：《宪法》第 25 条规定，国家推行计划生育，使人口的增长同经济和社会发展计划相适应。

73. √，解析：《宪法》第 26 条规定，国家保护和改善生活环境和生态环境，防治污染和其他公害。

74. √，解析：《宪法》第 26 条第 2 款规定，国家组织和鼓励植树造林，保护林木。

75. ×，解析：《宪法》第 27 条第 1 款规定，一切国家机关实行精简的原则，实行工作责任制，实行工作人员的培训和考核制度，不断提高工作质量和工作效率，反对官僚主义。

76. √，解析：《宪法》第 27 条规定："一切国家机关……不断提高工作质量和工作效率，反对官僚主义。"

77. √，解析：《宪法》第 27 条规定，一切国家机关和国家工作人员必须依靠人民的支持，经常保持同人民的密切联系，倾听人民的意见和建议，接受人民的监督，努力为人民服务。

78. ×，解析:《宪法》第 28 条规定，国家维护社会秩序，镇压叛国和其他危害国家安全的犯罪活动，制裁危害社会治安、破坏社会主义经济和其他犯罪的活动，惩办和改造犯罪分子。题中所述的“对一切犯罪分子都要严格惩办”的说法是错误的。

79. √，解析:《宪法》第 27 条第 3 款规定，国家工作人员就职时应当依照法律规定公开进行宪法宣誓。

80. √，解析:《宪法》第 29 条第 2 款规定，国家加强武装力量的革命化、现代化、正规化的建设，增强国防力量。

81. √，解析:《宪法》第 30 条规定:“中华人民共和国的行政区域划分如下:(一)全国分为省、自治区、直辖市。”

82. √，解析:《宪法》第 30 条规定:“(二)省、自治区分为自治州、县、自治县、市。”

83. ×，解析: 见《宪法》第 30 条第 1 款第 3 项的规定。“大队”不是行政区域的划分，因此本题的表述是错误的。

84. ×，解析: 见《宪法》第 30 条第 2 款的规定。直辖市和较大的市分为区、县，比如广州市天河区。

85. √，解析:《宪法》第 30 条第 2 款规定，自治州分为县、自治县、市。

86. ×，解析: 见《宪法》第 30 条第 3 款的规定。自治区、自治州、自治县都是民族自治地方。

87. ×，解析:《宪法》第 31 条规定，国家在必要时得设立特别行政区。

88. ×，解析:《宪法》第 31 条规定，在特别行政区内实行的制度按照具体情况由全国人民代表大会以法律规定。

89. √，解析:《宪法》第 32 条规定:“中华人民共和国保护在中国境内的外国人的合法权利和利益……”

90. √，解析:《宪法》第 32 条规定:“……在中国境内的外国人必须遵守中华人民共和国的法律。”

91. ×，解析:《宪法》第 32 条第 2 款规定，中华人民共和国对于因为政治原因要求避难的外国人，可以给予受庇护的权利。

二、单项选择题（解析略）

1. D　2. A　3. B　4. C　5. B　6. A　7. C　8. C　9. C　10. C

11. A　12. C　13. D　14. C　15. B　16. A

三、多项选择题

1. ABCD，解析:《宪法》第 2 条规定，人民依照法律规定，通过各种途径和形式，管理国家事务，管理经济和文化事业，管理社会事务。因此本题的答案为 ABCD。

2. CD，解析:《宪法》第 3 条第 2 款规定，全国人民代表大会和地方各级人民代表大会都由民主选举产生，对人民负责，受人民监督。

3. ABCD，解析:《宪法》第 3 条第 3 款规定，国家行政机关、监察机关、审判机关、检察机关都由人民代表大会产生，对它负责，受它监督。

4. AD，解析:《宪法》第 3 条第 4 款规定，中央和地方的国家机构职权的划分，遵循在中央的统一领导下，充分发挥地方的主动性、积极性的原则。

5. ABCD，解析:《宪法》第 4 条规定，国家保障各少数民族的合法的权利和利益，维护和发展各民族的平等团结互助和谐关系。禁止对任何民族的歧视和压迫，禁止破坏民族团结和制造民族分裂的行为。

6. ABCD，解析:《宪法》第 4 条第 4 款规定，各民族都有使用和发展自己的语言文字的自由，都有保持或者改革自己的风俗习惯的自由。

7. ABCD，解析:《宪法》第 5 条规定，一切国家机关和武装力量、各政党和各社会团体、各企业事业组织都必须遵守宪法和法律。一切违反宪法和法律的行为，必须予以追究。

8. ABC，解析:《宪法》第 6 条规定，中华人民共和国的社会主义经济制度的基础是生产资料的社会主义公有制，即全民所有制和劳动群众集体所有制。

9. AB，解析:《宪法》第 6 条第 2 款规定，国家在社会主义初级阶段，坚持公有制为主体、多种所有制经济共同发展的基本经济制度，坚持按劳分配为主体、多种分配方式并存的分配制度。

10. ABCD，解析:《宪法》第 8 条规定，农村集体经济组织实行家庭承包经营为基础、统分结合的双层经营体制。农村中的生产、供销、信用、消费等各种形式的合作经济，是社会主义劳动群众集体所有制经济。参加农村集体经济组织的劳动者，有权在法律规定的范围内经营自留地、自留山、家庭副业和饲养自留畜。城镇中的手工业、工业、建筑业、运输业、商业、服务业等行业的各种形式的合作经济，都是社会主义劳动群众集体所有制经济。

11. ABCD，解析:《宪法》第 9 条规定，矿藏、水流、森林、山岭、草原、荒地、滩涂等自然资源，都属于国家所有，即全民所有；由法律规定属于集体所有的森林和山岭、草原、荒地、滩涂除外。

12. BC，解析:《宪法》第 10 条规定，城市的土地属于国家所有。农村和城市郊区的土地，除由法律规定属于国家所有的以外，属于集体所有；宅基地和自留地、自留山，也属于集体所有。国家为了公共利益的需要，可以依照法律规定对土地实行征收或者征用并给予补偿。B 选项错误，农村的土地除有法律规定属于国家所有的以外，属于集体所有。C 选项错误，宅基地不属于公民个人所有，属于集体所有。

13. ABC，解析:《宪法》第 12 条规定，社会主义的公共财产神圣不可侵犯。国家保护社会主义的公共财产。禁止任何组织或者个人用任何手段侵占或者破坏国家的和集体的财产。《宪法》第 13 条规定，公民的合法的私有财产不受侵犯。国家依照法律规定保护公民的私有财产权和继承权。国家为了公共利益的需要，可以依照法律规定对公民的私有财产实行征收或者征用并给予补偿。因此，题目中 ABC 三个选项的表述有误。

14. ABCD，解析:《宪法》第 19 条规定，国家举办各种学校，普及初等义务教育，发展中等教育、职业教育和高等教育，并且发展学前教育。

15. ABCD，解析:《宪法》第 27 条规定，一切国家机关实行精简的原则，实行工作责任制，实行工作人员的培训和考核制度，不断提高工作质量和工作效率，反对官僚主义。一切国家机关和国家工作人员必须依靠人民的支持，经常保持同人民的密切联系，倾听人民的意见和建议，接受人民的监督，努力为人民服务。因此，ABCD 四个选项中的内容都是国家机关工作人员必须要做到的。

16. ACD，解析:《宪法》第 29 条规定，中华人民共和国的武装力量属于人民。它的任务是巩固国防，抵抗侵略，保卫祖国，保卫人民的和平劳动，参加国家建设事业，努力为人民服务。国家加强武装力量的革命化、现代化、正规化的建设，增强国防力量。因此，B 选项错误，ACD 正确。

四、填空题

1. 工人阶级；工农联盟；社会主义
2. 根本；最本质；破坏
3. 人民
4. 国家权力
5. 国家事务
6. 民主集中制
7. 民主选举
8. 人民代表大会
9. 中央
10. 一律平等；歧视；压迫；团结；分裂
11. 经济；文化
12. 区域自治；不可分离
13. 语言文字；风俗习惯
14. 依法治国
15. 统一；尊严
16. 宪法
17. 宪法；法律；予以追究
18. 特权
19. 生产资料；各尽所能
20. 公有制；多种所有制经济；按劳分配；多种分配方式
21. 社会主义全民所有制；国民经济

22. 家庭承包经营；统分结合；劳动群众；法律
23. 劳动群众
24. 自然资源；国家
25. 合理；自然资源
26. 国家
27. 集体；宅基地
28. 征收；征用
29. 转让土地
30. 合理
31. 私营经济；市场经济
32. 神圣不可侵犯
33. 公共财产
34. 合法的
35. 依照法律规定
36. 公共利益；给予补偿
37. 社会主义责任制；经济效益
38. 浪费
39. 发展生产；物质；文化
40. 经济发展
41. 宏观调控
42. 自主经营
43. 职工代表大会；民主
44. 经济活动
45. 外国企业
46. 科学文化
47. 初等义务

48. 自学成才
49. 普通话
50. 自然科学
51. 传统医药；人民健康
52. 人民体质
53. 文学艺术
54. 名胜古迹
55. 知识分子；社会主义现代化建设
56. 社会主义精神文明
57. 爱科学；集体主义；历史唯物主义；腐朽
58. 计划生育
59. 生态环境
60. 精简；官僚主义
61. 人民；监督；为人民服务
62. 宪法宣誓
63. 犯罪活动；犯罪分子
64. 保卫祖国
65 特别行政区；全国人民代表大会
66. 中华人民共和国
67. 政治原因；庇护

第二章　公民的基本权利和义务

一、判断题

1. 任何单位或者个人都不得侵入、搜查、查封公民的住宅。（　　）
2. 受教育权既是公民的权利，也是公民的义务。（　　）
3. 劳动权既是公民的权利，也是公民的义务。（　　）
4. 公民在年老、疾病或者丧失劳动能力的情况下，有从企事业单位和社会获得物质帮助的权利。（　　）
5. 在我国，任何公民都享有通信自由和通信秘密。（　　）
6. 公民通过言论自由表达的内容受法律的保护，不受非法干预，所以公民享有的言论自由是绝对的。（　　）
7. 任何公民非经人民检察院批准或决定，或者非经人民法院决定，并由公安机关执行，不受逮捕。（　　）
8. 法律面前人人平等，因此对人大代表的逮捕程序和普通公民适用的程序相同。（　　）
9. 任何国家机关、社会团体和个人不得强制公民信仰或不信仰宗教，不得歧视信仰和不信仰宗教的公民。（　　）
10. 华侨是居住在外国的中国公民，国家保护华侨的正当的权利和利益。（　　）

11. 劳动是一切有劳动能力公民的光荣职责，因此，每个有劳动能力的公民每年必须从事一定时间的义务劳动。(　　)
12. 中华人民共和国公民有言论、出版、集会、结社、游行、示威的自由。(　　)
13. 公民在特定情况下获得物质帮助权的具体表现除了老年人的物质帮助权，还包括患疾病公民的物质帮助权以及丧失劳动能力公民的物质帮助权。(　　)
14. 因国家安全或者追查刑事犯罪的需要，公安机关、检察机关可以依法对公民的通信进行检查。(　　)
15. 我国公民的人身自由不受侵犯，通信自由和通信秘密受法律保护。(　　)
16. 除司法机关有权依照法律规定的程序对通信进行检查外，任何其他国家机构、组织或者个人均不得以任何理由侵犯公民的通信自由和通信秘密。(　　)
17. 中华人民共和国公民有休息的权利。(　　)
18. 夫妻双方有实行计划生育的义务。(　　)
19. 公民在行使自由和权利的时候，不得损害国家的、社会的、集体的利益和其他公民的合法的自由和权利。(　　)
20. 凡是在我国居住的、年满18周岁的居民就是我国公民。(　　)
21. 父母有抚养教育子女的义务，子女有赡养扶助父母的义务。(　　)
22. 十届全国人大二次会议通过的宪法修正案，把“国家尊重和保障人权”正式载入国家的根本大法。(　　)
23. 中华人民共和国保护华侨的合法的权利与利益，保护归侨和侨眷的正当的权利和利益。(　　)
24. 公民在遭受自然灾害时，有从国家和社会获得物质帮助的

权利。(　　)

25. 对公民的申诉、控告或者检举，有关国家机关必须查清事实，负责处理。任何人不得压制和打击报复。(　　)

26. 中华人民共和国妇女在政治的、经济的、文化的、社会的和家庭的生活等各方面享有同男子平等的权利。(　　)

27. 任何公民享有宪法和法律规定的权利，同时必须履行宪法和法律规定的义务。(　　)

28. 保卫祖国、抵抗侵略是中华人民共和国公民的神圣职责。(　　)

29. 公民有维护国家统一和全国各民族团结的义务。(　　)

30. 凡年满 18 岁的中国公民，不分民族、种族、性别、职业、家庭出身、宗教信仰、教育程度、财产状况、居住期限，都有选举权和被选举权。(　　)

31. 旅居国外的中华人民共和国公民在人民代表大会代表选举期间在国内的，可以参加原籍地或者出国前居住地的选举。(　　)

32. 对公民政治权利的剥夺、限制人身自由的强制措施和处罚必须制定法律。(　　)

33. 被监禁的罪犯没有选举权和被选举权。(　　)

34. “公民在法律面前一律平等”只是在宪法和法律规定的范围内的平等，不是事实上的平等。(　　)

35. 由于国家机关和国家工作人员侵犯公民权利而受损失的人，有依法取得补偿的权利。(　　)

36.《刑法》中侮辱罪和诽谤罪的设置，是受宪法保护的人格尊严的具体体现。(　　)

37. 住宅权是对公民私生活的空间保护，其范围仅限于公民生活用的住宅。(　　)

二、单项选择题

1. 凡具有中华人民共和国国籍的人都是中华人民共和国（　　）。

A. 人民　　B. 居民

C. 公民　　D. 国民

2. 任何公民，非经（　　）批准或者决定或者（　　）决定，并由（　　）执行，不受逮捕。

A. 人民检察院；人民法院；公安机关

B. 人民法院；人民检察院；公安机关

C. 人民法院；公安机关；人民检察院

D. 公安机关；人民检察院；人民法院

3. 除因国家安全或者追查刑事犯罪的需要，由公安机关或者（　　）依照法律规定的程序对通信进行检查外，任何组织或者个人不得以任何理由侵犯公民的通信自由和通信秘密。

A. 监察机关　　B. 司法机关

C. 检察机关　　D. 其他执法机关

4.《宪法》规定，父母有抚养教育未成年子女的义务，（　　）。

A. 子女有赡养扶助父母的义务

B. 成年子女有赡养扶助年老父母的义务

C. 子女有赡养扶助丧失劳动能力的父母的义务

D. 成年子女有赡养扶助父母的义务

5. 我国公民有受教育的（　　）。

A. 权利　　B. 义务

C. 权力　　D. 权利和义务

6.《宪法》规定，我国享有选举权和被选举权的人是（　　）。

A. 全体公民

B. 全体人民

C. 18 周岁以上的公民

D. 年满 18 周岁且依法未被剥夺政治权利的公民

7. 中华人民共和国公民在（　　）的情况下，有从国家和社会获得物质帮助的权利。

A. 自然灾害

B. 受到犯罪

C. 年老、疾病或者丧失劳动能力

D. 未成年

8. 依法服兵役和参加民兵组织是我国公民的（　　）。

A. 神圣权利　　B. 光荣义务

C. 权利和义务　　D. 神圣职责

9. 关于公民权利，下列选项正确的是（　　）。

A. 劳动、受教育和依法服兵役既是公民的基本权利，又是公民的基本义务

B. 受教育权只是一部分公民的权利

C. 公民仅在年老、疾病的情况下，才能从国家和社会获得物质帮助

D. 国家尊重和保障人权

10. 根据我国《宪法》的规定，下列说法正确的是（　　）。

A. 我国公民在不想劳动时有从国家获得物质帮助的权利

B. 我国公民被剥夺政治权利的，其出版自由也被剥夺

C. 我国公民有信仰宗教与公开传教的自由

D. 我国公民私有财产不受侵犯

11. 下列不属于我国公民基本权利的是（　　）。

A. 爱护公共财产　　B. 宗教信仰自由

C. 人身自由权　　D. 社会经济权利

12.《宪法》不允许任何公民只享有权利而不履行义务的现象存在，也不允许任何公民只履行义务而不享有权利的现象发生，这体现了（　　）

A. 公民权利和义务平等性

B. 公民权利和义务广泛性

C. 公民权利和义务的现实性

D. 公民权利和义务的一致性

13. 规定国家制度和社会制度的基本原则，集中表现各种政治力量对比关系，保障公民基本权利和义务的国家根本法是（　　）

A. 宪法　　B. 民法

C. 刑法　　D. 行政法

14.《宪法》规定，中华人民共和国（　　）有休息的权利。

A. 劳动者　　B. 公民

C. 职工　　D. 工人

15. 我国采取的出生国籍标准为（　　）。

A. 出生地主义原则

B. 血统主义原则

C. 以血统主义为主、出生地主义为辅的混合主义原则

D. 以出生地主义为主、血统主义为辅的混合主义原则

16. 集会、游行、示威的主管机关是集会、游行、示威地的（　　）。

A. 市、县公安局、城市公安分局

B. 市、县司法局

C. 市、县人民政府

D. 市、县党委

17. 申请集会、游行、示威的负责人如果对主管机关不许可的决定不服的，可以自收到决定通知书之日起（　　）内向同级人民政府申请复议。

A. 3 日　　　　B. 5 日

C. 15 日　　　　D. 30 日

18. 主管机关接到集会、游行、示威的申请书后，应当在申请举行日期的（　　）前将许可或不许可的决定书面通知其负责人。

A. 2 日　　　　B. 3 日

C. 4 日　　　　D. 5 日

19. 社会团体的登记管理机关是（　　）。

A. 司法部和县级以上的司法行政部门

B. 民政部和省级以上的人大常委会

C. 民政部和县级以上的地方各级民政部门

D. 公安部和县级以上的公安机关

20. 地方性的社会团体，由社会团体所在地的（　　）负责登记管理。

A. 人民政府的登记管理机关

B. 上一级人民政府的登记管理机关

C. 人民代表大会常务委员会

D. 公安机关

21. 根据我国《宪法》的规定，下列有关公民基本权利的宪法保护的表述，正确的是（　　）。

A. 一切公民都有选举权和被选举权

B. 宪法规定了对华侨、归侨权益的保护，但没有规定对侨眷

权益的保护

C. 宪法对建立劳动者休息和休养的设施未予以规定

D. 公民合法财产的所有权和私有财产的继承权规定在《宪法》的总纲部分

22. 根据我国《宪法》的规定，下列选项中哪一种情况不是公民获得物质帮助权的条件？（　　）

A. 公民在年老时　　B. 公民在疾病时

C. 公民在遭受自然灾害时　　D. 公民在丧失劳动能力时

23. 下列选项中哪一项不属于《宪法》规定的公民的文化权利？（　　）

A. 科学研究自由　　B. 出版自由

C. 文学创作自由　　D. 艺术创作自由

24. 下列选项中不属于我国《宪法》规定的公民的基本权利的是（　　）

A. 言论、出版　　B. 集会、结社

C. 游行、示威　　D. 纳税、服兵役

25. 根据宪法和法律，下列哪一项的表述是正确的？（　　）

A. 被监禁的人因为无人身自由而不享有选举权

B. 被取保候审的年满 18 周岁的公民没有选举权

C. 精神病患者因为无政治行为能力而自始无选举权

D. 被判有期徒刑但未被剥夺政治权利的年满 18 周岁的公民有选举权

26. 下列哪一项不属于《宪法》规定的公民的基本权利？（　　）

A. 债权　　B. 平等权

C. 出版自由　　D. 受教育权

27. 我国《宪法》规定的公民的基本义务不包括下列哪项？（　　）

A. 依法选举　　B. 依法纳税

C. 计划生育　　D. 赡养父母

28. 文化教育权利是公民在教育和文化领域享有的权利和自由。根据此说法，下列哪一选项是错误的？（　　）

A. 受教育既是公民的权利，又是公民的义务

B. 宪法规定的文化教育权利是公民的基本权利

C. 我国公民有进行科学研究的自由

D. 文化教育权利属于公民的积极受益权

29. 下列有关我国公民权利的表述有误的是（　　）。

A. 公民对于任何国家机关都有提出批评和建议的权利

B. 公民对任何国家工作人员的违法失职行为都有提出申诉、控告或者检举的权利

C. 国家机关在接到公民提出的申诉、控告或者检举后，可以视情况查清事实，负责处理

D. 国家机关和国家工作人员侵犯公民权利造成损失的，受害人有依法请求赔偿的权利

30. 根据《宪法》的规定，下列哪一选项是不正确的？（　　）

A. 禁止用任何方法对公民进行侮辱、诽谤和诬告陷害

B. 债权是《宪法》明确规定的公民基本权利

C. 禁止非法搜查公民身体

D. 禁止非法搜查或非法侵入公民住宅

31. 下列有关劳动权的表述错误的是（　　）。

A. 国家通过各种途径，创造劳动就业条件，加强劳动保护，改善劳动条件

B. 国有企业和城乡集体经济组织的劳动者都应当以国家主人翁的态度对待自己的劳动

C. 国家提倡社会主义劳动竞赛，奖励劳动模范和先进工作者

D. 国家对在岗劳动者进行必要的劳动就业训练

32. 下列有关退休制度的说法正确的是（　　）。

A. 中华人民共和国公民有劳动的权利和义务

B. 退休制度适用于一切企业事业组织的职工

C. 退休制度仅适用于国家机关工作人员

D. 退休人员的生活受到社会和单位的保障

33. 对于“受教育也是一种义务”的理解错误的是（　　）。

A. 在义务教育阶段，适龄子女应主动完成义务教育

B. 家长或监护人应保证适龄子女或被监护人完成义务教育

C. 政府可以采取一定的强制措施迫使公民接受义务教育

D. 国家和政府在一定条件下可以免除公民完成受教育的义务

34. 关于公民基本权利，下列哪个选项是错误的？（　　）

A. 人权是基本权利的来源，基本权利是人权宪法化的表现

B. 在我国，法人也可以作为基本权利的主体

C. 我国公民在行使权利的时候，不得损害其他公民的合法的自由和利益

D. 权利和义务的平等性是公民基本权利和义务的重要特点

35. 根据《宪法》的规定，监督权不包括（　　）。

A. 批评权　　B. 建议权

C. 检举权　　D. 请求权

三、多项选择题

1. 我国《宪法》规定，公民在行使自由和权利的时候，不得损害（　　）。

A. 国家的利益

B. 集体的利益

C. 社会的利益

D. 其他公民的合法自由和权利

2. 中华人民共和国公民对于任何国家机关和国家工作人员的违法失职行为，有向有关国家机关提出（ ）的权利。

A. 申诉　　B. 上诉

C. 控告　　D. 检举

3. 我国公民享有（ ）的权利和义务。

A. 劳动　　B. 受教育

C. 监督　　D. 选举

4.《宪法》规定，退休人员的生活受（ ）的保障。

A. 国家机关　　B. 社会

C. 国家　　D. 原单位

5. 下列选项中，属于我国公民的基本义务的有（ ）。

A. 保卫祖国、抵抗侵略

B. 维护国家统一和全国各民族的团结

C. 维护祖国的安全、荣誉和利益

D. 依照法律纳税

6. 中华人民共和国公民的人格尊严不受侵犯，禁止用任何方法对公民进行（ ）。

A. 侮辱　　B. 诽谤和诬告陷害

C. 批评　　D. 控告

7. 我国《宪法》规定，公民有（ ）的自由。

A. 言论　　B. 出版

C. 集会、结社　　D. 游行、示威

8. 下列选项中的中国公民，不享有选举权的有（　　）。

A. 周某，刚满 15 周岁

B. 吴某，30 周岁，被监视居住

C. 郑某，被剥夺政治权利期间

D. 王某，50 周岁，患精神病

9. 在我国，公民享有选举权的基本条件是（　　）。

A. 具有中国国籍

B. 年满 18 周岁

C. 依法享有政治权利

D. 没有被判处过有期徒刑

10. 下列选项属于不得作为出版物出版的有（　　）。

A. 危害国家统一、主权和领土完整的

B. 煽动民族仇恨，破坏民族团结，侵害民族风俗习惯的

C. 侮辱或者诽谤他人，侵害他人合法权益的

D. 危害社会公德或者民族优秀文化传统的

11. 任何公民，非经（　　）并由公安机关执行，不受逮捕。

A. 人民检察院批准或决定

B. 人民法院决定

C. 纪检机关决定

D. 国家安全机关批准

12. 下列表述中正确的有（　　）。

A. 妇女享有与男子平等的就业权利。任何单位任何情况下不得以性别为由拒绝录用妇女或者提高对妇女的录用标准

B. 用人单位不得招用未满 18 周岁的未成年人

C. 国家实行劳动者每日工作时间不超过 8 小时、平均每周工作时间不超过 44 小时的工时制度

D. 劳动者在法定休假日和婚丧假期间以及依法参加社会活动期间，用人单位应当依法支付工资

13. 下列有关义务教育的表述正确的有（　　）。

A. 义务教育是国家统一实施的所有适龄儿童、少年必须接受的教育，是国家必须予以保障的公益性事业

B. 对违反学校管理制度的学生，学校不得将其开除

C. 义务教育阶段不收学费、杂费

D. 年满 18 周岁的中国公民不再享有受教育的权利，不再承担受教育的义务

14. 公民在法律面前一律平等是指在（　　）方面的平等。

A. 立法　　B. 司法

C. 守法　　D. 社会地位

15. 我国保障宗教信仰自由的基本政策有（　　）。

A. 实行宗教信仰自由政策

B. 依法管理宗教事务

C. 坚持独立自主自办原则

D. 积极引导宗教与社会主义社会相适应

16. 广义的人身自由包括（　　）

A. 人身权　　B. 人格权

C. 住宅安全权　　D. 通信自由和通信秘密

17. 依照法律被剥夺政治权利的人可以享有或行使的权利或自由有（　　）。

A. 人格尊严不受侵犯　　B. 继承权

C. 受教育权　　D. 申诉权

18. 下列权利中不属于政治权利的是（　　）

A. 选举权　　B. 言论自由权

C. 批评建议权　　　　D. 通信自由权

19.《宪法》规定，我国公民的义务包括（　　）

A. 遵守宪法和法律

B. 保守国家秘密

C. 爱护公共财产

D. 遵守劳动纪律，遵守公共秩序，尊重社会公德

20. 根据我国的法律规定，下列哪些人可以取得中国国籍？（　　）

A. 赵某，出生于中国，父亲为美国公民，母亲为中国公民

B. 钱某，出生于法国，父亲为中国公民，母亲为日本公民

C. 孙某，出生于加拿大，已取得加拿大国籍，父母均为中国公民

D. 李某，出生于中国，父亲为无国籍人，母亲也国籍不明

21. 下列选项中属于公民参与政治生活的权利和自由的有（　　）。

A. 选举权　　　　B. 被选举权

C. 政治自由　　　　D. 宗教信仰自由

22.《宪法》规定的“公民有宗教信仰自由”的含义是指（　　）。

A. 任何国家机关、社会团体和个人都不得强制公民信仰宗教或者不信仰宗教

B. 公民有信教或不信教的自由

C. 公民有信仰这种宗教或那种宗教的自由

D. 国家保护正常的宗教活动

23. 人格尊严的基本内容主要有（　　）。

A. 公民的名誉权和隐私权

B. 公民的肖像权

C. 公民的姓名权

D. 公民的荣誉权

24.《宪法》规定的“中华人民共和国公民的住宅不受侵犯”的含义是指（　　）。

A. 未经法律许可或公民同意不得随意进入公民住宅

B. 禁止非法侵入公民住宅

C. 禁止非法搜查公民住宅

D. 禁止损毁公民住宅

25. 我国公民的基本权利包括政治权利和自由、人身自由以及（　　）。

A. 平等权　　B. 尊重社会公德

C. 监督权　　D. 社会经济文化权利

26. 根据宪法和法律，下列哪些表述是不正确的？（　　）

A. 被剥夺政治权利的公民不再享有科学研究的自由

B. 被剥夺政治权利的公民不再享有艺术创作的自由

C. 被剥夺政治权利的公民不再享有出版著作的自由

D. 被剥夺政治权利的公民不再享有宗教信仰的自由

27. 王某系某村村民，已生育三个女儿，现在又怀上了第四胎。村干部在某日一大早便破门而入，将还未穿戴整齐的王某强行带到村委会教育了一整天，并决定取消其读小学四年级的女儿的“五好学生”的称号。根据我国宪法和法律，村干部的行为侵犯了王某作为公民的哪些宪法权利？（　　）

A. 人身自由　　B. 住宅不受侵犯

C. 受教育的权利　　D. 人格尊严

28. 依据有关法律规定，下列哪些机关所在地周边距离 10 米至 300 米内，不得举行集会、游行、示威？（　　）

A. 全国人大常委会　　B. 国务院

C. 外国驻华使领馆　　D. 最高人民法院

29. 公民应当履行宪法规定的义务。下列哪些是公民应尽的义务？（　　）

A. 国家安全受到威胁时，公民应当积极报名参军，保卫国家

B. 公民若获悉国家秘密，应保守国家秘密

C. 公民不得借检举之名，对国家工作人员捏造或歪曲事实进行诬告陷害

D. 有劳动能力的公民应参加劳动

30. 在我国，“公民”和“人民”是两个不同的概念，它们的区别主要有（　　）。

A. 性质不同。公民是法律概念；人民是政治概念

B. 范围不同。公民包括全体社会成员，人民不包括全体社会成员，依法被剥夺政治权利的人和敌对分子不属于人民

C. 后果不同。所有的公民都享有宪法和法律规定的权利并履行相应的义务，但并非所有的人民都享有宪法和法律规定的权利并履行相应的义务

D. 公民所表达的一般是个体概念，人民所表达的一般是群体概念

31. 我国《宪法》规定的公民的言论自由具有特定的范围和表现形式，一般而言包括（　　）。

A. 公民都有以言论方式表达思想和见解的权利

B. 表达有关政治、经济、文化、社会等方面的看法和见解受法律保护，不受非法干涉

C. 言论自由的表现形式多样，包括口头形式、书面形式以及广播电视等

D. 在法定范围内，公民不应因某种言论而承担不利后果

32. 公民行使集会、游行、示威权利时，应向主管机关提出申请

并获得许可。下列哪些选项属于依法不予许可的情形？（　　）

A. 对社会环境不满意

B. 危害国家的统一

C. 危害国家的主权和领土完整

D. 反对宪法所规定的基本原则

33. 根据《宪法》的规定，下列哪些权利是公民享有的监督权？（　　）

A. 罢免权

B. 集会、游行、示威

C. 批评和建议的权利

D. 申诉、控告或者检举的权利

34. 某县人民法院在审理民事案件过程中，要求县移动通信营业部提供某通信用户的电话详单。根据我国宪法的规定，下列说法正确的是（　　）

A. 用户电话详单属于宪法保护的公民通信秘密的范围

B. 县人民法院有权要求县移动通信营业部提供任何移动通信用户的电话详单

C. 县移动通信营业部有义务保护通信用户的通信自由和通信秘密

D. 县人民法院有权检查任何移动通信用户的电话详单

35. 根据《宪法》的规定，关于公民纳税义务，下列哪些选项是正确的？（　　）

A. 国家在确定公民纳税义务时，要保证税制科学合理和税收负担公平

B. 要坚持税收法定原则，税收基本制度实行法律保留

C. 纳税义务直接涉及公民个人财产权，宪法规定的纳税义务

具有防止国家权力侵犯其财产权的属性

D. 履行纳税义务是公民享有其他权利的前提条件

四、填空题

1. 凡具有中华人民共和国国籍的人都是中华人民共和国______________。

2. 公民在法律面前一律平等，既包括司法上的平等，即公民在________上一律平等，也包括公民在守法上一律平等。

3. 中华人民共和国年满________周岁的公民，不分民族、种族、性别、职业、家庭出身、宗教信仰、教育程度、财产状况、居住期限，都有选举权和被选举权；但是依照法律被______________的人除外。

4. 表达自由是指言论、______、集会、______、游行、示威的自由。

5. 中华人民共和国公民有宗教信仰自由。国家保护________的宗教活动。宗教________和宗教________不受外国势力的支配。

6. 任何人不得利用宗教进行破坏社会________、损害公民________、妨碍____________的活动。

7. 任何公民，非经人民检察院________或者________，或者人民法院________，并由公安机关________，不受________。

8. 中华人民共和国公民的人格尊严不受侵犯。禁止用任何方法对公民进行______、______和____________。

9. 中华人民共和国公民的住宅不受侵犯。禁止非法______或者非法______公民的住宅。

10. 中华人民共和国公民的通信自由和通信秘密受法律的保护。除因________安全或者追查__________的需要，由________机关或者________机关依照法律规定的程序对通信进行检查外，任何组织或者个人不得以任何理由侵犯公民的通信自由和通信秘密。

11. 中华人民共和国公民对于任何国家机关和____________，有提出批评和建议的权利；对于任何国家机关和____________的__________行为，有向有关国家机关提出申诉、控告或者检举的权利。

12. 由于国家机关和国家工作人员侵犯公民权利而受到损失的人，有依照法律规定________的权利。

13. 国家通过各种途径，创造劳动就业条件，加强劳动保护，改善劳动条件，并在________的基础上，提高劳动报酬和福利待遇。

14. 劳动是一切有________的公民的光荣职责。国家提倡公民从事________劳动。

15. 中华人民共和国________有休息的权利。

16. 国家发展劳动者休息和休养的设施，规定职工的工作______和________制度。

17. 中华人民共和国公民在______、______或者丧失________的情况下，有从国家和社会获得物质帮助的权利。

18. 国家发展为公民享受物质帮助权利所需要的社会________、社会________和________事业。

19. 国家和社会保障残废军人的生活，抚恤________家属，优待________家属。

20. 国家和社会帮助安排盲、聋、哑和其他有残疾的公民的__________、________和________。

21. 中华人民共和国公民有进行__________、__________创作和其他文化活动的自由。

22. 中华人民共和国妇女在政治的、经济的、文化的、______的和________的生活等各方面享有同男子平等的权利。

23. 国家保护妇女的权利和利益，实行男女__________，培养和选拔_________干部。

24. _________双方有实行计划生育的义务。

25. 父母有抚养教育________的义务，________有赡养扶助父母的义务。

26. 禁止破坏婚姻自由，禁止虐待_______、_______和_______。

27. 中华人民共和国保护华侨的______的权利和利益，保护归侨和侨眷的______的权利和利益。

28. 中华人民共和国公民在行使__________和__________的时候，不得损害国家的、社会的、集体的利益和其他公民的合法的__________和__________。

28. 保卫祖国、抵抗侵略是中华人民共和国每一个公民的________________。依照法律服兵役和参加民兵组织是中华人民共和国公民的________。

29. 中华人民共和国公民必须遵守宪法和法律，保守________，爱护________，遵守劳动纪律，遵守公共秩序，尊重社会公德。

30. 中华人民共和国公民有维护祖国的______、______和______的义务。

五、简答题

1. 什么是宗教信仰自由？
2. 试述我国公民的政治权利。
3. 我国公民基本权利的主要特点是什么？
4. 简述我国宪法所规定的公民的基本义务。

5. 如何理解我国现行宪法规定的人身自由权？
6. 简述我国公民的经济权利。
7. 怎样理解“公民在法律面前一律平等”？

参考答案

一、判断题

1. ×，解析：《宪法》第 39 条规定：“中华人民共和国公民的住宅不受侵犯。禁止非法搜查或者非法侵入公民的住宅。”特定国家机关在法定情形下，依照法定程序可以搜查、查封公民的住宅。
2. √，解析：《宪法》第 46 条第 1 款规定：“中华人民共和国公民有受教育的权利和义务。”
3. √，解析：《宪法》第 42 条第 1 款规定：“中华人民共和国公民有劳动的权利和义务。”
4. ×，解析：《宪法》第 45 条第 1 款规定：“中华人民共和国公民在年老、疾病或者丧失劳动能力的情况下，有从国家和社会获得物质帮助的权利。”
5. ×，解析：《宪法》第 40 条规定：“中华人民共和国公民的通信自由和通信秘密受法律的保护。除因国家安全或者追查刑事犯罪的需要，由公安机关或者检察机关依照法律规定的程序对通信进行检查外，任何组织或者个人不得以任何理由侵犯公民的通信自由和通信秘密。”可见，部分涉嫌犯罪的公民的通信自由和通信秘密受到限制。
6. ×，解析：《宪法》第 51 条规定：“中华人民共和国公民在行使自由和权利的时候，不得损害国家的、社会的、集体的利益和其他公民的合法的自由和权利。”

7. √，解析：《宪法》第 37 条第 2 款：“任何公民，非经人民检察院批准或者决定或者人民法院决定，并由公安机关执行，不受逮捕。”

8. ×，解析：人大代表享有人身特别保护权。《宪法》第 74 条规定：“全国人民代表大会代表，非经全国人民代表大会会议主席团许可，在全国人民代表大会闭会期间非经全国人民代表大会常务委员会许可，不受逮捕或者刑事审判。”《地方各级人民代表大会和地方各级人民政府组织法》第 35 条规定：“县级以上的地方各级人民代表大会代表，非经本级人民代表大会主席团许可，在大会闭会期间，非经本级人民代表大会常务委员会许可，不受逮捕或者刑事审判。如果因为是现行犯被拘留，执行拘留的公安机关应当立即向该级人民代表大会主席团或者常务委员会报告。”

9. √，解析：《宪法》第 36 条第 2 款：“任何国家机关、社会团体和个人不得强制公民信仰宗教或者不信仰宗教，不得歧视信仰宗教的公民和不信仰宗教的公民。”

10. √，解析：《宪法》第 50 条：“中华人民共和国保护华侨的正当的权利和利益，保护归侨和侨眷的合法的权利和利益。”

11. ×，解析：宪法和法律未强制有劳动能力的公民从事义务劳动。《宪法》第 42 条第 3 款规定：“国家提倡公民从事义务劳动。”

12. √，解析：《宪法》第 35 条规定：“中华人民共和国公民有言论、出版、集会、结社、游行、示威的自由。”

13. √，解析：《宪法》第 45 条第 1 款规定：“中华人民共和国公民在年老、疾病或者丧失劳动能力的情况下，有从国家和社会获得物质帮助的权利。”

14. √，解析：《宪法》第 40 条规定：“中华人民共和国公民的通信自由和通信秘密受法律的保护。除因国家安全或者追查刑事犯罪的需要，由公安机关或者检察机关依照法律规定的程序对通信进行检查外，任何组织或者个人不得以任何理由侵犯公民的通信自由和通信秘密。”

15. √，解析：见《宪法》第 37 条、第 40 条的规定。

16. ×，解析：《宪法》第 40 条规定：“中华人民共和国公民的通信自由和通信秘密受法律的保护。除因国家安全或者追查刑事犯罪的需要，由公安机关或者检察机关依照法律规定的程序对通信进行检查外，任何组织或者个人不得以任何理由侵犯公民的通信自由和通信秘密。”

17. ×，解析：《宪法》第 43 条规定：“中华人民共和国劳动者有休息的权利。”

18. √，解析：《宪法》第 49 条第 2 款规定：“夫妻双方有实行计划生育的义务。”

19. √，解析：《宪法》第 51 条规定：“中华人民共和国公民在行使自由和权利的时候，不得损害国家的、社会的、集体的利益和其他公民的合法的自由和权利。”

20. ×，解析：《宪法》第 33 条第 1 款规定：“凡具有中华人民共和国国籍的人都是中华人民共和国公民。”

21. ×，解析：《宪法》第 49 条第 3 款规定：“父母有抚养教育未成年子女的义务，成年子女有赡养扶助父母的义务。”

22. √，解析：参见 2004 年 3 月 14 日第十届全国人民代表大会第二次会议通过的《中华人民共和国宪法修正案》第二十四条。

23. ×，解析：《宪法》第 50 条规定：“中华人民共和国保护华侨的正当的权利和利益，保护归侨和侨眷的合法的权利和利益。”

24. ×，解析：《宪法》第 45 条第 1 款规定：“中华人民共和国公民在年老、疾病或者丧失劳动能力的情况下，有从国家和社会获得物质帮助的权利。”

25. √，解析：《宪法》第 41 条第 2 款规定：“对于公民的申诉、控告或者检举，有关国家机关必须查清事实，负责处理。任何人不得压制和打击报复。”

26. √，解析：《宪法》第 48 条第 1 款规定：“中华人民共和国妇女在政治的、经济的、文化的、社会的和家庭的生活等各方面享有同男子平等的权利。”

27. √，解析：《宪法》第 33 条第 4 款规定：“任何公民享有宪法和法律规定的权利，同时必须履行宪法和法律规定的义务。”

28. √，解析：《宪法》第 55 条第 1 款规定：“保卫祖国、抵抗侵略是中华人民共和国每一个公民的神圣职责。”

29. √，解析：《宪法》第 52 条规定：“中华人民共和国公民有维护国家统一和全国各民族团结的义务。”

30. ×，解析：《宪法》第 34 条规定：“中华人民共和国年满十八周岁的公民，不分民族、种族、性别、职业、家庭出身、宗教信仰、教育程度、财产状况、居住期限，都有选举权和被选举权；但是依照法律被剥夺政治权利的人除外。”

31. ×，解析：《全国人民代表大会和地方各级人民代表大会选举法》第 6 条规定，全国人民代表大会和归侨人数较多地区的地方人民代表大会，应当有适当名额的归侨代表。旅居国外的中华人民共和国公民在县级以下人民代表大会代表选举期间在国内的，可以参加原籍地或者出国前居住地的选举。

32. √，解析：《立法法》第 8 条规定，对公民政治权利的剥夺、限制人身自由的强制措施和处罚只能制定法律。

33. ×，解析：被监禁的罪犯如果没有被判决剥夺政治权利，则仍享有选举权和被选举权。

34. √，解析：略。

35. ×，解析：《宪法》第 41 条第 3 款规定："由于国家机关和国家工作人员侵犯公民权利而受到损失的人，有依照法律规定取得赔偿的权利。"

36. √，解析：略。

37. ×，解析：工作场所也应属于广义上的住宅的概念。

二、单项选择题

1. C，解析：《宪法》第 33 条第 1 款规定："凡具有中华人民共和国国籍的人都是中华人民共和国公民。"

2. A，解析：《宪法》第 37 条第 2 款规定："任何公民，非经人民检察院批准或者决定或者人民法院决定，并由公安机关执行，不受逮捕。"

3. C，解析：《宪法》第 40 条规定："中华人民共和国公民的通信自由和通信秘密受法律的保护。除因国家安全或者追查刑事犯罪的需要，由公安机关或者检察机关依照法律规定的程序对通信进行检查外，任何组织或者个人不得以任何理由侵犯公民的通信自由和通信秘密。"

4. D，解析：《宪法》第 49 条第 3 款："父母有抚养教育未成年子女的义务，成年子女有赡养扶助父母的义务。"

5. D，解析：《宪法》第 46 条第 1 款规定："中华人民共和国公民有受教育的权利和义务。"

6. D，解析：《宪法》第 34 条："中华人民共和国年满十八周岁的公民，不分民族、种族、性别、职业、家庭出身、宗教信仰、教育程度、财产状况、居住期限，都有选举权和被选举权；但是依照法律被剥夺政治权利的人除外。"

7. C，解析：《宪法》第 45 条第 1 款规定："中华人民共和国公民在年老、疾病或者丧失劳动能力的情况下，有从国家和社会获得物质帮助的权利。"

8. B，解析：《宪法》第 55 条第 2 款规定："依照法律服兵役和参加民兵组织是中华人民共和国公民的光荣义务。"

9. D，解析：《宪法》第 55 条第 2 款规定："依照法律服兵役和参加民兵组织是中华人民共和国公民的光荣义务。"依法服兵役不是我国公民的基本权利，因此 A 选项错误；《宪法》第 46 条第 1 款规定："中华人民共和国公民有受教育的权利和义务。"受教育是全体中国公民的权利和义务，因此 B 选项错误；《宪法》第 45 条第 1 款规定："中华人民共和国公民在年老、疾病或者丧失劳动能力的情况下，有从国家和社会获得物质帮助的权利。"因此 C 选项错误；2004 年宪法修正案将"国家尊重和保障人权"纳入《宪法》第 33 条，D 选项正确。

10. B，解析：中华人民共和国公民在年老、疾病或者丧失劳动能力的情况下，有从国家和社会获得物质帮助的权利。A 选项错误；根据《刑法》第 54 条的规定，剥夺政治权利包括以下几方面的内容：（1）选举权和被选举权；（2）言论、出版、集会、结社、游行、示威自由的权利；（3）担任国家机关职务的权利；（4）担任国有公司、企业、事业单位和人民团体领导职务的权利。B 选项正确；我国宪法未规定公民有公开传教的自由。C 选项错误；我国公民合法的私有财产不受侵犯。D 选项错误。

11. A，解析：略。

12. D，解析：我国《宪法》规定的关于公民权利和义务的特点是：（1）权利和义务的广泛性。享受权利和承担义务的主体广泛，同时，宪法确认和保障的公民权利和义务的范围广泛；（2）权利和义务的现实性。《宪法》实事求是地从实际出发确定公民权利和义务的内容，并规定了实现权利的法律保障和物质保障；（3）权利和义务的平等性。公民在权利上一律平等，在守法上、司法上一律平等；（4）权利和义务的一致性。公民享有权利必须履行相应的义务，反之，公民履行《宪法》规定的义务，必须享受《宪法》规定的权利。

13. A，解析：我国公民的基本权利和基本义务即指由我国《宪法》确认的权利和义务。

14. A，解析：《宪法》第 43 条第 1 款规定："中华人民共和国劳动者有休息的权利。"

15. C，解析：根据我国《国籍法》的规定，以下情形可以取得我国国籍：（1）父母双方或一方为中国公民，本人出生在中国，具有中国国籍。（2）父母双方或一方为中国公民，本人出生在外国，具有中国国籍；但父母双方或一方为中国公民并定居在外国，本人出生时即具有外国国籍的，不具有中国国籍。（3）父母无国籍或国籍不明，定居在中国，本人出生在中国，具有中国国籍。（4）外国人或无国籍人，愿意遵守中国宪法和法律，符合法律规定的条件并申请加入中国国籍得到批准的，即取得中国国籍；被批准加入中国国籍的，不得再保留外国国籍。

16. A，解析：根据《集会游行示威法实施条例》第 7 条规定："集会、游行、示威由举行地的市、县公安局、城市公安分局主管。"

17. A，解析：根据《集会游行示威法实施条例》第 14 条规定："集会、游行、示威的负责人对主管公安机关不许可的决定不服的，可以自接到不许可决定书之日起 3 日内向同级人民政府申请复议。”

18. A，解析：根据《集会游行示威法实施条例》第 10 条第 2 款规定：“决定书应当在申请举行集会、游行、示威日的 2 日前送达其负责人，由负责人在送达通知书上签字。”

19. C，解析：《社会团体登记管理条例》第 6 条第 1 款规定：“国务院民政部门和县级以上地方各级人民政府民政部门是本级人民政府的社会团体登记管理机关。”

20. A，解析：《社会团体登记管理条例》第 7 条规定：“全国性的社会团体，由国务院的登记管理机关负责登记管理；地方性的社会团体，由所在地人民政府的登记管理机关负责登记管理；跨行政区域的社会团体，由所跨行政区域的共同上一级人民政府的登记管理机关负责登记管理。”

21. D，解析：享有选举权和被选举权的条件包括中国国籍、年满 18 周岁、未被剥夺政治权利。A 选项错误；《宪法》第 50 条规定：“中华人民共和国保护华侨的正当的权利和利益，保护归侨和侨眷的合法的权利和利益。”B 选项错误；《宪法》第 43 条第 2 款规定：“国家发展劳动者休息和休养的设施，规定职工的工作时间和休假制度。”C 选项错误。

22. C，解析：《宪法》第 45 条第 1 款规定：“中华人民共和国公民在年老、疾病或者丧失劳动能力的情况下，有从国家和社会获得物质帮助的权利。”

23. B，解析：《宪法》第 47 条规定：“中华人民共和国公民有进行科学研究、文学艺术创作和其他文化活动的自由。”出版自由属于公民政治权利和自由的范畴。

24. D，解析：略。

25. D，解析：享有选举权和被选举权的条件包括且仅限于中国国籍、年满 18 周岁、未被剥夺政治权利。未被判决剥夺政治权利的罪犯也享有选举权和被选举权。

26. A，解析：我国公民的平等权、出版自由和受教育权都在《宪法》中有明确规定。

27. A，解析：基本义务是指由《宪法》所确认的义务，依法选举不属于基本义务。

28. D，解析：《宪法》第 46 条第 1 款规定："中华人民共和国公民有受教育的权利和义务。"公民的积极受益权，是指国家应采取积极的干预方式，为公民享有此项权利提供充分的物质条件，特别是应给予社会弱者以较大的关注。因为这种权利是国家积极给予、公民可以积极主动向国家提出请求，所以叫积极受益权。消极防御权，是指公民行使该项权利一般不需要国家以积极的方式予以保障，国家仅负有不侵害该权利的合法行使，并在该权利受到侵害时予以救济的义务。文化教育权利不属于公民的积极受益权，因此 D 选项错误。

29. C，解析：《宪法》第 41 条第 2 款规定："对于公民的申诉、控告或者检举，有关国家机关必须查清事实，负责处理。任何人不得压制和打击报复。"

30. B，解析：略。

31. D，解析：《宪法》第 42 条第 4 款规定："国家对就业前的公民进行必要的劳动就业训练。"

32. B，解析：《宪法》第 44 条规定："国家依照法律规定实行企业事业组织的职工和国家机关工作人员的退休制度。退休人员的生活受到国家和社会的保障。"C、D 选项错误；B 选项正确；A 选项不属于退休制度的内容。

33. D，解析：略。

34. B，解析：宪法规定的权利和义务，其主体只能是中华人民共和国公民，法人或单位组织等非自然人不能作为我国基本权利的享有者。

35. D，解析：《宪法》第 41 条第 1 款规定：“中华人民共和国公民对于任何国家机关和国家工作人员，有提出批评和建议的权利；对于任何国家机关和国家工作人员的违法失职行为，有向有关国家机关提出申诉、控告或者检举的权利，但是不得捏造或者歪曲事实进行诬告陷害。”

三、多项选择题

1. ABCD，解析：《宪法》第 51 条规定：“中华人民共和国公民在行使自由和权利的时候，不得损害国家的、社会的、集体的利益和其他公民的合法的自由和权利。”

2. ACD，解析：《宪法》第 41 条第 1 款规定：“中华人民共和国公民对于任何国家机关和国家工作人员，有提出批评和建议的权利；对于任何国家机关和国家工作人员的违法失职行为，有向有关国家机关提出申诉、控告或者检举的权利，但是不得捏造或者歪曲事实进行诬告陷害。”

3. AB，解析：《宪法》第 42 条第 1 款规定：“中华人民共和国公民有劳动的权利和义务。”《宪法》第 46 条第 1 款规定：“中华人民共和国公民有受教育的权利和义务。”

4. BC，解析：《宪法》第 44 条规定：“国家依照法律规定实行企业事业组织的职工和国家机关工作人员的退休制度。退休人员的生活受到国家和社会的保障。”

5. ABCD，解析：参见《宪法》第 52 条、54 条、55 条、56 条。

6. AB，解析：《宪法》第 38 条规定：“中华人民共和国公民的人格尊严不受侵犯。禁止用任何方法对公民进行侮辱、诽谤和诬告陷害。”

7. ABCD，解析：《宪法》第 35 条规定：“中华人民共和国公民有言论、出版、集会、结社、游行、示威的自由。”

8. AC，解析：享有选举权和被选举权的条件包括且仅限于中国国籍、年满 18 周岁、未被剥夺政治权利。未被判决剥夺政治权利的罪犯也享有选举权和被选举权。

9. ABC，解析：享有选举权和被选举权的条件包括且仅限于中国国籍、年满 18 周岁、未被剥夺政治权利。未被判决剥夺政治权利的罪犯也享有选举权和被选举权。

10. ABCD，解析：略。

11. AB，解析：《宪法》第 37 条第 2 款规定：“任何公民，非经人民检察院批准或者决定或者人民法院决定，并由公安机关执行，不受逮捕。”

12. CD，解析：根据《劳动法》第 13 条规定，单位在录用职工时，可以根据国家规定的不适合妇女的工种或者岗位自主录用职工。A 选项错误；我国的合法劳动年龄为年满 16 周岁。B 选项错误。

13. ABC，解析：受教育的权利和义务以完成义务教育作为终点，与年龄没有必然联系。

14. BC，解析：公民在法律面前一律平等的含义仅限于在适用法律和遵守法律方面的平等，即司法和守法平等。

15. ABCD，解析：具体内容参见 2018 年 4 月国务院新闻办公室发布的《中国保障宗教信仰自由的政策和实践》。

16. ABCD，解析：略。

17. ABCD，解析：根据《刑法》第 54 条的规定，剥夺政治权利包括以下几方面的内容：（1）选举权和被选举权；（2）言论、出版、集会、结社、游行、示威自由的权利；（3）担任国家机关职务的权利；（4）担任国有公司、企业、事业单位和人民团体领导职务的权利。

18. CD，解析：公民的政治权利包括选举权和被选举权，以及言论、出版、集会、结社、游行、示威的自由。

19. ABCD，解析：《宪法》第53条规定："中华人民共和国公民必须遵守宪法和法律，保守国家秘密，爱护公共财产，遵守劳动纪律，遵守公共秩序，尊重社会公德。"

20. ABD，解析：我国在国籍取得问题上采出生地主义与血统主义相结合的原则，并且不承认双重国籍。具体来讲，《国籍法》第4条规定："父母双方或一方为中国公民，本人出生在中国，具有中国国籍。"A选项属于这种情况；第5条规定："父母双方或一方为中国公民，本人出生在外国，具有中国国籍；但父母双方或一方为中国公民并定居在外国，本人出生时即具有外国国籍的，不具有中国国籍。"B选项正确；而C选项则属于"但书"规定的例外情况，因德国采出生地主义原则，所以孙某出生时即具有德国国籍，从而不具有中国国籍；第6条规定："父母无国籍或国籍不明，定居在中国，本人出生在中国，具有中国国籍。"D选项正确。

21. ABC，解析：略。

22. ABCD，解析：略。

23. ABCD，解析：人格尊严是指公民作为平等的人的资格和权利应该受到国家的承认和尊重，包括与人身密切联系的名誉、荣誉、姓名、肖像等不容侵犯的权利。人格尊严是人格权的核心，人格尊严的法律表现即为公民的人格权。

24. ABC，解析：《宪法》第39条规定："中华人民共和国公民的住宅不受侵犯。禁止非法搜查或者非法侵入公民的住宅。”

25. ACD，解析：参见《宪法》第 33 条、34 条、41 条、42–48 条。

26. ABD，解析：被剥夺政治权利的公民仍享有宪法规定的其他权利和自由。只有 C 选项出版自由是政治权利的内容，所以被剥夺政治权利的公民不再享有出版自由。而 A、B 选项属于《宪法》第 47 条规定的公民的文化权利；D 选项属于《宪法》第 36 条规定的宗教信仰自由，不属于政治权利。

27. ABD，解析：本题中，村干部侵犯了王某的人身自由。人身自由是权利主体在法律范围内自主支配行动的自由。限制人身自由只能由法定机关、根据法定理由、遵循法定程序才能实施。村干部将王某“强行带到村委会教育了一整天”，是对其人身自由的非法限制，侵犯了《宪法》第 37 条所确认的人身自由，所以 A 选项应选；另外根据题干介绍，有“破门而入”的情节，是侵犯了王某享有的《宪法》第 39 条所确认的住宅不受侵犯的权利，所以 B 选项应选；“将还未及穿戴整齐的王某强行带到村委会”侵犯了《宪法》第 38 条所确认的人格尊严权，所以 D 选项应选；而“取消其读小学四年级的女儿的‘五好学生’称号”，侵犯的是其女儿的荣誉权。荣誉权是指公民有获得并保持各种嘉奖的权利，包括各种荣誉称号、证书、勋章、奖章、奖状等，是公民在学习、生产、工作或战斗中表现突出，成绩卓著，立有功勋而获得光荣称号。王某违反计划生育和其女儿的“五好学生”称号没有关系，村干部取消“五好学生”的称号，是对王某女儿的荣誉权的非法剥夺。由于受侵害的不是其女儿的受教育权，更非王某的受教育权，所以 C 项不选。

28. ABD，解析：《集会游行示威法》第 23 条规定：“在下列场所周边距离十米至三百米内，不得举行集会、游行、示威，经国务院或者省、自治区、直辖市的人民政府批准的除外：（一）全国人民代表大会常务委员会、国务院、中央军事委员会、最高人民法院、最高人民检察院的所在地；（二）国宾下榻处；（三）重要军事设施；（四）航空港、火车站和港口。”所以，C 选项不在规定之列。在外国使领馆附近举行集会、游行、示威也受一定的限制，该法第 22 条规定：“集会、游行、示威在国家机关、军事机关、广播电台、电视台、外国驻华使馆领馆等单位所在地举行或者经过的，主管机关为了维护秩序，可以在附近设置临时警戒线，未经人民警察许可，不得逾越。”

29. ABCD，解析：略。

30. ABD，解析：略。

31. ABCD，解析：略。

32. BCD，解析：略。

33. CD，解析：《宪法》第 41 条第 1 款规定：“中华人民共和国公民对于任何国家机关和国家工作人员，有提出批评和建议的权利；对于任何国家机关和国家工作人员的违法失职行为，有向有关国家机关提出申诉、控告或者检举的权利，但是不得捏造或者歪曲事实进行诬告陷害。”

34. AC，解析：通信自由，是指公民通过书信、电话、电信及其他通讯手段，根据自己的意愿自由进行通信不受他人干涉的自由。通信是公民参与社会生活、进行社会交流的必要手段，是公民不可缺少的自由。通信自由的主要内容是通信秘密。公民的通信自由和通信秘密是宪法确定的公民的基本人身权利之一，《宪法》第 40 条规定：“中华人民共和国公民的通信自由和通信秘密受法律的保护。除因国家安全或者追查刑事犯罪的需要，由公安机关或者检察机关依照法律规定的程序对通信进行检查外，任何组织或者个人不得以任何理由侵犯公民的通信自由和通信秘密。”所以 A 选项正确；本题中的案件为民事案件，不具备限制公民通信秘密的法定理由，法院也不是宪法规定的法定机关，所以 B、D 项错误；为社会提供通信服务的单位和个人，有义务保护客户的通信记录等通信信息，C 项正确。

35. ABC，解析：略。

四、填空题

1. 公民
2. 适用法律
3. 十八；剥夺政治权利
4. 出版；结社
5. 正常；团体；事务
6. 秩序；身体健康；国家教育制度
7. 批准；决定；决定；执行；逮捕
8. 侮辱；诽谤；诬告陷害
9. 搜查；侵入
10. 国家；刑事犯罪；公安；检察
11. 国家工作人员；国家工作人员；违法失职
12. 取得赔偿
13. 发展生产
14. 劳动能力；义务
15. 劳动者
16. 时间；休假

17. 年老；疾病；劳动能力
18. 保险；救济；医疗卫生
19. 烈士；军人
20. 劳动；生活；教育
21. 科学研究；文学艺术
22. 社会；家庭
23. 同工同酬；妇女
24. 夫妻
25. 未成年子女；成年子女
26. 老人；妇女；儿童
27. 正当；合法
28. 自由；权利；自由；权利
28. 神圣职责；光荣义务
29. 国家秘密；公共财产
30. 安全；荣誉；利益

五、简答题

1. 答：宗教信仰自由的具体含义是指：

（1）每个公民都有按照自己的意愿信仰宗教的自由，也有不信仰宗教的自由；

（2）有信仰这种宗教的自由，也有信仰那种宗教的自由；

（3）有在同一宗教里信仰这个教派的自由，也有信仰那个教派的自由；

（4）有过去信教而现在不信教的自由，也有过去不信教而现在信教的自由；

（5）有按宗教信仰参加宗教仪式的自由，也有不参加宗教仪式的自由。

2. 答：政治权利是宪法规定的公民的基本权利。它是指公民根据宪法的规定，参加政治生活的行为的可能性。我国公民享有的政治权利十分广泛，具体如下：

（1）选举权和被选举权。宪法规定，中华人民共和国年满18周岁的公民，不分民族、种族、性别、职业、家庭出身、宗教信仰、教育程度、财产状况、居住期限，都有选举权和被选举权，但是依法被剥夺政治权利的人除外。

（2）言论、出版、集会、结社、游行、示威自由。

①言论自由。言论自由是发表和宣传自己的思想和观点的自由，但煽动叛乱、分裂祖国、颠覆人民民主专政的言论不属于言论自由。此外，公民不可以以言论自由来侮辱、谩骂他人，侵害他人的权益；也不可以泄露国家机密、商业秘密，公开他人隐私。

②出版自由。出版自由是公民通过出版物表达自己的意见和思想的权利，它是言论自由的一种表现形式。国家对出版物的规范管理和出版自由不相矛盾，规范管理正是为了保证出版自由的正确行使。

③结社自由。它是指公民依法结成某种社会团体，进行社会活动的自由。结社自由不得违反宪法确定的基本原则，不得危害国家的利益、安全和民族团结，不得损害社会公共利益。

④集会、游行、示威的自由，指采用集体或者列队行进的方式，表达某种意愿和要求的自由。为了维持社会安定和正常秩序，要行使此项权利进必须依法提出申请，经主管部门许可，并在服从当局的指引和管理下进行。

公民在行使上述①至④项权利和自由时，必须以《宪法》第51条规定的原则为指导。

（3）监督权。宪法规定，中华人民共和国公民对于任何国家机关和国家工作人员，有提出批评和建议的权利；对于任何国家机关和国家工作人员的违法失职行为，有向有关国家机关提出申诉、控告或者检举的权利，但是不得捏造或者歪曲事实进行诬告陷害。

3. 答：我国宪法关于公民基本权利的特点是：

（1）广泛性。享受权利的主体广泛，宪法确认和保障的公民权利和自由的范围广泛。

（2）权利和自由的现实性。宪法实事求是地从实际出发确定公民权利的内容，并规定了实现权利的法律保障和物质保障。

（3）权利和自由的平等性。公民享有权利上一律平等，在守法上、司法上、执法上一律平等。

（4）权利和义务的一致性。公民享有权利必须履行相应的义务。公民履行宪法规定的义务，必须享受宪法规定的权利。

4. 答：任何公民享有宪法和法律规定的权利，同时必须履行宪法和法律规定的义务。《宪法》规定的公民的基本义务有：（1）维护国家统一和全国各民族团结；（2）遵守宪法和法律，保守国家秘密，爱护公共财产，遵守劳动纪律，遵守公共秩序，尊重社会公德；（3）维护祖国的安全、荣誉和利益；（4）依照法律服兵役和参加民兵组织；（5）依照法律纳税；（6）其他义务。（例如：夫妻双方有实行计划生育的义务；父母有抚养教育未成年子女的义务，成年子女有赡养扶助父母的义务等。）

5. 答：人身自由，是指公民的人身不受非法逮捕、拘留、搜查和侵害。根据宪法和法律的规定，在我国任何公民非经人民检察院批准或者决定或者非经人民法院决定，并由公安机关执行，不受逮捕。宪法还规定，禁止非法拘禁或者以其他方法限制、剥夺公民的人身自由，禁止非法搜查公民的身体。

6. 答：社会经济权利是指公民享有经济物质利益方面的权利。这些经济权利是：

（1）公民的劳动权利；（2）劳动者的休息权；（3）退休人员的生活保障权；（4）获得物质帮助权。

7. 答：“公民在法律面前一律平等”一般指法律实施上的平等，不包括立法上的平等。主要内容有：

（1）所有公民平等地享有权利和平等地履行义务，在我国，任何公民都受宪法和法律约束，不允许有超越法律规定的任何特权。

（2）所有公民在司法上一律平等，即实施法律、执行法律和使用法律上平等。

（3）法律面前人人平等是指法律赋予公民权利能力上的平等，同等条件下公民具有获得相同权利的资格，并不表示行为能力上的平等。

（4）平等权是以法律为尺度，不同于平均主义，不主张绝对的均等。

第三章　国家机构

一、判断题

1. 中华人民共和国第一届全国人民代表大会第一次会议于 1954 年 9 月 15 日至 9 月 28 日在北京召开。(　　)
2. 第十三届全国人民代表大会第一次会议通过的《中华人民共和国宪法修正案》中增设的国家机构是监察委员会。(　　)
3. 按照国家机构行使权力的属性不同，可以将国家机构分为立法机关、行政机关、司法机关、监察机关。(　　)
4. 在我国，国家权力机关居于核心地位，其他国家机关都由它产生，对它负责并受它监督。(　　)
5. 我国的国家权力机关是全国人民代表大会。(　　)
6. 我国的最高国家权力机关是全国人民代表大会常务委员会。(　　)
7. 全国人民代表大会是最高的国家权力机关，也是最高的国家立法机关。(　　)
8. 全国人大由省、自治区、直辖市、特别行政区和军队选出的代表组成。(　　)
9. 修改宪法只能由全国人民代表大会进行。(　　)

10. 我国《宪法》规定全国人大和全国人大常委会共同行使国家立法权。(　　)
11. 全国人民代表大会会议每年至多举行一次，一般是在第一季度。(　　)
12. 全国人民代表大会举行会议的时候，由全国人大常委会主持会议。(　　)
13. 全国人民代表大会代表的选举由全国人民代表大会常务委员会主持。(　　)
14. 全国人民代表大会每届任期四年。(　　)
15. 国务院副总理由全国人民代表大会选举产生。(　　)
16. 全国人大有权改变或者撤销全国人大常委会不适当的决定。(　　)
17. 全国人大有权罢免国家主席、国务院总理、中央军委会主席、最高人民法院院长和最高人民检察院检察长。(　　)
18. 全国人大有权罢免国家副主席、国务院副总理、中央军委会副主席。(　　)
19. 全国人大有权罢免最高人民法院副院长、最高人民检察院副检察长。(　　)
20. 全国人大常委会作为全国人大的常设机关，是在全国人大闭会期间经常行使最高国家权力的机关。(　　)
21. 全国人大是国家立法机关，全国人大常委会并非国家立法机关。(　　)
22. 全国人大及其常委会都有权修改宪法、解释宪法、监督宪法的实施。(　　)
23. 全国人大常委会有权解释法律，国务院、最高人民法院、最高人民检察院均无此权限。(　　)

24. 宪法的修改，由全国人民代表大会以全体代表的过半数通过。(　　)

25. 全国人大常委会有权决定同外国缔结的条约和重要协定的批准和废除。(　　)

26. 全国人大常委会在一定情况下有权决定战争状态的宣布。(　　)

27. 全国人大各专门委员会是由全国人大产生，受全国人大领导，与全国人大常委会是平级关系。(　　)

28. 特定问题调查委员会属于全国人大常设性委员会之一。(　　)

29. 全国人民代表大会代表享有提案权、质询权、特别人身保护权、言论免责权等权利。(　　)

30. 全国人大代表的特别人身保护权是指全国人大代表在全国人大会议期间的犯罪活动不受追究。(　　)

31. 全国人大代表在全国人大各种会议上的发言和表决，不受法律追究。(　　)

32. 全国人大代表受原选举单位监督，原选举单位有权罢免本单位选出的代表。(　　)

33. 中华人民共和国主席是国家首脑，是我国国家机构的重要组成部分。(　　)

34. 中华人民共和国主席由年满 45 周岁的中国公民担任，国家副主席无此年龄限制。(　　)

35. 全国人民代表大会委员会有权罢免国家监察委员会主任。(　　)

36. 中华人民共和国主席有权公布法律，任免国务院总理、副总理。(　　)

37. 中华人民共和国主席代表中华人民共和国，接受外国使节。( )
38. 中华人民共和国主席缺位的时候，由副主席继任主席的职位。( )
39. 中华人民共和国国务院，即中央人民政府，是最高国家权力机关的执行机关，是最高国家行政机关。( )
40. 国务院及其各部委实行集体领导制。( )
41. 国务院每届任期与全国人大相同，总理、副总理、国务委员连续任职不得超过两届。( )
42. 国务院会议分为国务院全体会议和国务院常务会议。( )
43. 国务院由总理、副总理、国务委员、秘书长组成。( )
44. 国务院有权改变或者撤销地方各级国家行政机关的不适当的决定和命令。( )
45. 国务院有权批准省、自治区、直辖市的区域划分，批准自治州、县、自治县、市的建置和区域划分。( )
46. 国务院审计机关依法独立行使审计监督权，不受其他行政机关、社会团体和个人的干涉。( )
47. 国务院对全国人民代表大会负责并报告工作，不受全国人大常委会干涉。( )
48. 中华人民共和国中央军事委员会是国家最高军事决策机关，领导全国武装力量。( )
49. 中央军事委员会主席对全国人大及其常委会负责并报告工作。( )
50. 中央军事委员会实行集体领导制。( )
51. 地方各级人民代表大会是地方国家权力机关，乡、民族乡、镇设立人民代表大会。( )

52. 上级人民代表大会与下级人民代表大会之间、全国人民代表大会与地方各级人民代表大会之间是领导与被领导的关系。(　　)
53. 县、不设区的市、市辖区的人民代表大会代表由下一级的人民代表大会选举产生。(　　)
54. 地方各级人民代表大会每届任期五年。(　　)
55. 省、直辖市人民代表大会及其常务委员会制定的地方法规，须报全国人大常委会备案。(　　)
56. 县级以上地方各级人民代表大会选出或者罢免人民检察院检察长，须报上级人民检察院检察长提请该级人大常委会批准。(　　)
57. 县级以上的地方各级人民代表大会代表，不得担任国家行政机关、监察机关、审判机关和检察机关的职务。(　　)
58. 地方各级人民政府实行省长、市长、县长、区长、乡长、镇长负责制。(　　)
59. 地方各级人民政府每届任期同本级人民代表大会每届任期相同。(　　)
60. 省、自治区、直辖市人民政府首长有权代表本地方，接受外国使节。(　　)
61. 地方各级人民政府与其下级人民政府之间是领导与被领导的关系。(　　)
62. 地方各级审计机关依法独立行使审计监督权，不受其他行政机关、社会团体和个人的干涉，只对本级政府负责。(　　)
63. 县级以上的地方各级人民政府领导所属各工作部门和下级人民政府的工作，有权改变或者撤销所属各工作部门和下级人民政府不适当的决定。(　　)

64. 我国的基层群众性自治组织包括居民委员会和村民委员会两种形式。(　　)

65. 居民委员会、村民委员会主任分别由街道办、乡镇政府指派。(　　)

66. 居民委员会、村民委员会同基层政权是领导与被领导的关系。(　　)

67. 民族自治地方的自治机关是指自治区、自治州、自治县的人民代表大会。(　　)

68. 自治区、自治州、自治县的人大常委会应当由实行区域自治的民族的公民担任主任。(　　)

69. 自治区主席、自治州州长、自治县县长由实行区域自治的民族的公民担任。(　　)

70. 民族自治地方依照宪法、民族区域自治法和其他法律规定的权限行使自治权，根据本地方实际情况贯彻执行国家的法律、政策。(　　)

71. 民族自治地方的人民代表大会有权依照当地民族的政治、经济和文化的特点，制定自治条例和单行条例。(　　)

72. 自治区、自治州、自治县的自治条例和单行条例须报全国人大常委会备案。(　　)

73. 民族自治地方享有财政自治权、地方性经济自主权、地方文化事业自主权等较为广泛的自治权。(　　)

74. 民族自治地方的自治机关依照国家军事制度和当地的实际需要，可自行组织本地方维护社会治安的公安部队。(　　)

75. 民族自治地方的自治机关在执行职务时可使用当地通用的一种或者几种语言文字。(　　)

76. 国家从财政、物资、技术等方面帮助各少数民族加速发展经

济建设和文化建设事业。(　　)

77. 我国法院组织系统由最高人民法院、地方各级人民法院和专门法院构成。(　　)

78. 人民法院审理案件，一律公开进行。(　　)

79. 人民法院依照法律规定独立行使审判权，不受行政机关、社会团体和个人的干涉。(　　)

80. 最高人民法院与地方各级人民法院之间，上级人民法院和下级人民法院之间是领导与被领导的关系。(　　)

81. 最高人民法院对全国人大及其常委会负责并报告工作。(　　)

82. 人民检察院是国家法律监督机关。(　　)

83. 最高人民法院院长、最高人民检察院检察长连续任职都不得超过两届。(　　)

84. 最高人民检察院与地方各级人民检察院之间，上级人民检察院与下级人民检察院之间是领导与被领导的关系。(　　)

85. 诉讼程序中，在少数民族聚居或者多民族共同居住的地区，应当用当地通用的语言进行审理。(　　)

86. 人民法院、人民检察院和公安机关在办理刑事案件中是相互对抗、制约平衡的关系。(　　)

87. 有权制定地方性法规的主体仅有省、直辖市的人民代表大会及其常务委员会。(　　)

88. 我国的监察机关是各级人民检察院。(　　)

89. 监察委员会主任每届任期同本级人民代表大会每届任期相同。(　　)

90. 监察机关独立办理职务违法和职务犯罪案件，不受审判机关、检察机关的非法干涉。(　　)

二、单项选择题

1. 中华人民共和国的国家机构实行（　　）的原则。

A. 单一制　　B. 议行合一

C. 民主集中制　　D. 三权分立

2. 各少数民族聚居的地方实行（　　），设立自治机关，行使自治权。各民族自治地方都是中华人民共和国不可分离的部分。

A. 区域自治　　B. 民族自治

C. 基层群众自治　　D. 特殊的经济制度

3. 我国《宪法》规定，宪法的修改，由全国人民代表大会常务委员会或者（　　）以上的全国人民代表大会代表提议，并由全国人民代表大会以全体代表的（　　）以上多数通过。

A. 四分之一；三分之二　　B. 三分之一；三分之二

C. 五分之一；三分之二　　D. 四分之一；二分之一

4. 有权决定特别行政区设立的国家机关是（　　）。

A. 全国人民代表大会　　B. 全国人大常委会

C. 国务院　　D. 国家主席

5. 最高人民法院院长由（　　）选举和罢免。

A. 全国人民代表大会　　B. 全国人大常委会

C. 国家主席　　D. 国务院

6.（　　）领导全国武装力量。

A. 中华人民共和国中央军事委员会

B. 国务院

C. 国防部

D. 国家主席

7. 行使国家立法权的机关是（　　）。

A. 全国人民代表大会

B. 全国人民代表大会常务委员会

C. 全国人民代表大会和全国人民代表大会常务委员会

D. 全国人民代表大会和国务院

8. 全国人民代表大会由省、自治区、直辖市、特别行政区和（　　）选出的代表组成。

A. 军队　　B. 少数民族地区

C. 各社会团体　　D. 各行业协会

9. 全国人大常委会的组成人员中，应当有适当名额的（　　）。

A. 行政人员代表　　B. 司法机关人员代表

C. 社会团体代表　　D. 少数民族代表

10. 下列选项中，不由全国人民代表大会选举的是（　　）。

A. 中华人民共和国副主席　　B. 最高人民法院院长

C. 国务院副总理　　D. 最高人民检察院检察长

11. 全国人民代表大会任期届满的（　　），全国人民代表大会常务委员会必须完成下届全国人民代表大会代表的选举。

A. 两个月以前　　B. 两个月以内

C. 一个月以前　　D. 一个月以内

12. 在我国，有权制定和修改刑事、民事、国家机构的和其他的基本法律的是（　　）。

A. 最高人民法院

B. 全国人民代表大会

C. 全国人民代表大会常务委员会

D. 全国人民代表大会和国务院

13.《宪法》规定，（　　）行使监督宪法实施的职权。

A. 全国人民代表大会

B. 全国人大常委会

C. 全国人民代表大会及其常委会

D. 各民主党派

14. 居民委员会、村民委员会主任、副主任和委员由（　　）。

A. 街道办事处任命　　B. 居民选举

C. 选民选举　　D. 群众推荐上级任命

15. 根据我国《宪法》的规定，国务院对各部、各委员会发布的不适当的命令、指示和规章有权（　　）。

A. 改变　　B. 变更或撤销

C. 改变或者撤销　　D. 重新发布

16. 自治州、自治县区域划分由（　　）审批。

A. 自治区人民代表大会　　B. 国务院

C. 自治区人民政府　　D. 全国人大常委会

17. 最高人民法院（　　）地方各级人民法院的审判工作，最高人民检察院（　　）地方各级人民检察院的工作。

A. 监督；领导　　B. 领导；领导

C. 领导；监督　　D. 监督；监督

18. 我国宪法的解释权属于（　　）。

A. 全国人民代表大会

B. 国务院

C. 全国人大常委会

D. 全国人民代表大会宪法和法律委员会

19. 中华人民共和国主席代表中华人民共和国，进行国事活动，接受外国使节；根据（　　），派遣和召回驻外全权代表，批准和废除同外国缔结的条约和重要协定。

A. 全国人民代表大会的决定

B. 全国人民代表大会常务委员会的决定

C. 国务院的决定

D. 全国人民代表大会和全国人民代表大会常务委员会的决定

20. 乡、民族乡、镇的人民代表大会每届任期（　　）。

A. 五年　　B. 四年

C. 三年　　D. 两年

21. 自治区的自治条例和单行条例（　　）生效。

A. 报全国人大常委会备案后

B. 报全国人大常委会批准后

C. 报全国人大常委会和国务院备案后

D. 报国务院批准后

22. 居民委员会是（　　）。

A. 基层自治性群众组织　　B. 基层群众性自治组织

C. 基层政权机关　　D. 基层政权机关的派出机关

23. 国务院总理人选由（　　）提名，全国人民代表大会决定。

A. 全国人大常委会　　B. 全国人民代表大会主席团

C. 中共中央总书记　　D. 国家主席

24. 有权决定特赦的国家机关是（　　）。

A. 国家主席

B. 全国人民代表大会常务委员会

C. 国务院

D. 最高人民法院

25. 全国人大常委会的重要日常工作由（　　）处理。

A. 委员长　　B. 委员长会议

C. 秘书长　　D. 各专门委员会

26. 在全国人民代表大会开会期间，非经（　　）的许可，全国人民代表大会代表不受逮捕或者刑事审判。

A. 全国人民代表大会会议主席团

B. 全国人民代表大会

C. 委员长会议

D. 全国人民代表大会常务委员会

27. 我国的人民法院是（　　）。

A. 国家的司法机关　　B. 国家的法律监督机关

C. 国家的仲裁机关　　D. 国家的审判机关

28. 中央军委主席（　　）。

A. 对全国人民代表大会负责

B. 对全国人民代表大会负责并报告工作

C. 对全国人民代表大会和全国人民代表大会常务委员会负责

D. 对全国人民代表大会常务委员会负责并报告工作

29. 自治区主席、自治州州长、自治县县长由（　　）担任。

A. 实行区域自治的民族的公民

B. 实行区域自治的民族的人民

C. 少数民族的公民

D. 自治地方的各民族公民

30.（　　）行使撤销省、自治区、直辖市国家权力机关制定的同宪法、法律和行政法规相抵触的地方性法规和决议的职权。

A. 全国人民代表大会

B. 全国人民代表大会常务委员会

C. 国务院

D. 最高人民检察院

31. 中华人民共和国主席、副主席都缺位的时候，由全国人民代表大会补选。在补选以前，应由（　　）暂时代理主席职位。

A. 最高人民法院院长

B. 中央军事委员会主席

C. 国务院总理

D. 全国人民代表大会常务委员会委员长

32. 不属于民族自治地方的自治机关的是（　　）。

A. 内蒙古自治区人民代表大会

B. 湖南省湘西土家族苗族自治州人民政府

C. 四川省北川羌族自治县人民法院

D. 海南省白沙黎族自治县人民政府

33. 在全国人民代表大会闭会期间，全国人大常委会根据最高人民法院院长的提请，可以任免下列哪一选项以外的人员？（　　）

A. 高级人民法院院长　　B. 军事法院院长

C. 最高人民法院副院长　　D. 最高人民法院审判员

34. 居民委员会、村民委员会同基层政权的相互关系由（　　）规定。

A. 宪法　　B. 法律

C. 行政法规　　D. 民政部门

35.（　　）有权依照法律规定的程序提出对国务院或者国务院各部、各委员会的质询案。

A. 省人大代表　　B. 市人大代表

C. 全国人大代表　　D. 最高人民检察院

36. 关于罢免全国人民代表大会代表，表述正确的是（　　）。

A. 全国人民代表大会有权罢免全国人民代表大会代表

B. 原选举单位有权依法定程序罢免本单位选出的代表

C. 全国人民代表大会主席团有权罢免全国人民代表大会代表

D. 县人民代表大会有权依照法律规定的程序罢免本地区的全国人民代表大会代表

37. 下列人员中，不属于国务院组成人员的是（　　）。

A. 中央党史和文献研究院　　B. 国务委员

C. 副总理　　D. 各部部长

38. 国务院审计机关在（　　）领导下，依照法律规定独立行使审计监督权，不受其他行政机关、社会团体和个人的干涉。

A. 中央党史和文献研究院　　B. 全国人大常委会委员长

C. 国家主席　　D. 全国政协主席

39. 在不同宪法、法律、行政法规相抵触的前提下，可以制定地方性法规的是（　　）。

A. 安徽省人民政府

B. 安徽省肥西县人民代表大会

C. 天津市人民代表大会常务委员会

D. 上海张江高新技术产业开发区管理委员会

40. 各民族公民都有用（　　）语言文字进行诉讼的权利。

A. 当地通用的　　B. 本民族

C. 其他民族　　D. 自己通晓的

41. 省辖市人民代表大会常务委员会的组成人员可以担任的职位是（　　）。

A. 市委政法委书记　　B. 市司法局局长

C. 市中级人民法院院长　　D. 市人民检察院检察长

42. 广西壮族自治区人民代表大会有权制定（　　）。

A. 法律　　B. 自治条例和单行条例

C. 政府规章　　D. 行政法规

43. 人民法院、人民检察院和公安机关办理（　　），应当分工负责，互相配合，互相制约，以保证准确有效地执行法律。

A. 刑事案件　　B. 民事案件

C. 经济案件　　D. 行政案件

44. 县级以上的地方各级人民代表大会常务委员会对本级人民政府、监察委员会、人民法院、人民检察院行使（　　）。

A. 指导权　　B. 监督权

C. 批评建议权　　D. 管理权

45. 最高人民检察院副检察长、检察委员会委员、检察员和军事检察院检察长由（　　）任免。

A. 最高人民检察院检察长

B. 最高人民检察院检察长提请全国人民代表大会

C. 最高人民检察院检察长提请全国人民代表大会常务委员会

D. 全国人民代表大会常务委员会

46. 有权决定乡、民族乡、镇的建置和区域划分的有（　　）。

A. 国务院　　B. 省人民政府

C. 省辖市人民政府　　D. 县人民政府

47. 地方各级人民政府是地方各级国家权力机关的（　　），是地方各级国家行政机关。

A. 下属机关　　B. 行政机关

C. 监督机关　　D. 执行机关

48. 全国人民代表大会每年举行一次，由（　　）召集。

A. 全国人民代表大会常务委员会

B. 全国人民代表大会主席团

C. 委员长会议

D. 委员长

49. 在全国人民代表大会闭会期间，全国人民代表大会常务委员会有权审查和批准国民经济和社会发展计划、国家预算在执行过程中所必须作的（　　）调整方案。

A. 整体　　B. 部分

C. 重大　　D. 个别

50. 国务院实行（　　）负责制。

A. 国务院全体会议　　B. 国务院常务会议

C. 总理　　D. 集体

51. 关于民族自治地方的人民代表大会的立法权限，下列表述中正确的是（　　）。

A. 自治区、自治州、自治县的人民代表大会有权依照当地民族的政治、经济和文化的特点，制定自治条例和单行条例

B. 自治州的人民代表大会及其常务委员会有权制定单行条例

C. 自治县的人民代表大会有权制定地方性法规

D. 自治区人民代表大会常务委员会有权制定自治条例

52. 决定战争和和平的问题的国家机关是（　　）。

A. 全国人民代表大会

B. 全国人民代表大会常务委员会

C. 国家主席

D. 国务院

53. 有关全国人民代表大会常务委员会的任免权的表述中，不正确的为（　　）。

A. 在全国人民代表大会闭会期间，根据国务院总理的提名，决定部长的人选

B. 根据最高人民法院院长的提请，任免最高人民法院审判员

C. 在全国人民代表大会闭会期间，任免最高人民检察院助理检察员

D. 决定驻外全权代表的任免

54. (　　) 统一领导全国地方各级国家行政机关的工作，规定中央和省、自治区、直辖市的国家行政机关的职权的具体划分。

A. 全国人民代表大会

B. 国务院

C. 全国人民代表大会常务委员会

D. 国家主席

55. 全国人民代表大会会议每年举行一次。如果全国人民代表大会认为有必要，或者有 (　　) 以上的全国人民代表大会代表提议，可以临时召集全国人民代表大会会议。

A. 八分之一　　B. 七分之一

C. 六分之一　　D. 五分之一

56. 全国人民代表大会每届任期 (　　)。

A. 三年　　B. 五年

C. 两年　　D. 四年

57. 全国人民代表大会举行会议的时候，(　　) 主持会议。

A. 选举主席团

B. 全国人民代表大会常务委员会

C. 全国人民代表大会会议主席团

D. 全国人民代表大会常务委员会委员长

58. 地方各级人民法院对 (　　) 负责。

A. 产生它的国家权力机关　　B. 同级人民政府

C. 上级人民法院　　D. 同级党委

59. 地方各级人民检察院对 (　　) 负责。

A. 产生它的国家权力机关

B. 最高人民检察院

C. 产生它的国家权力机关和上级人民检察院

D. 同级党委

60. 国务院总理、副总理、国务委员连续任职最长是（ ）。

A. 一届　　B. 两届

C. 三届　　D. 四届

61. 决定全国或者个别省、自治区、直辖市进入紧急状态的职权由（ ）行使。

A. 全国人民代表大会常务委员会

B. 国务院

C. 中央军委

D. 国家主席

62.（ ）主持全国人民代表大会常务委员会的工作，召集全国人民代表大会常务委员会会议。

A. 全国人民代表大会常务委员会委员长

B. 全国人民代表大会常务委员会秘书长

C. 全国人民代表大会常务委员会主席团

D. 全国人民代表大会常务委员会委员长会议

63. 中华人民共和国全国武装力量由（ ）领导。

A. 中央军委　　B. 中央军委主席

C. 国务院　　D. 全国人民代表大会和国务院

64. 根据《宪法》的规定，有选举权和被选举权的年满（ ）周岁的中华人民共和国公民可以被选为中华人民共和国主席、副主席。

A. 50　　B. 40

C. 35　　D. 45

65. 根据我国《宪法》的规定，全国人民代表大会和全国人大常委会认为必要时，可以组织关于特定问题的（　　）。

A. 专门委员会　　B. 调查委员会

C. 临时委员会　　D. 审议委员会

66. 根据《宪法》的规定，我国驻外全权代表由（　　）任免决定。

A. 国家主席

B. 全国人民代表大会常务委员会

C. 全国人民代表大会

D. 国家主席和全国人大常委会

67.（　　）应当向全国人民代表大会报告工作。

A. 中华人民共和国主席　　B. 中央军委主席

C. 全国人大常委会　　D. 中国人民政治协商会议

68. 根据我国《宪法》的规定，全国人民代表大会常务委员会有权部分修改（　　）。

A. 宪法　　B. 香港特别行政区法律

C. 法律　　D. 国际条约

69.（　　）的人民代表大会代表由选民直接选举产生。

A. 设区的市　　B. 市辖区、县、自治县

C. 自治州　　D. 省辖市

70. 我国有（　　）级人民代表大会。

A. 三　　B. 四

C. 五　　D. 六

71. 有权制定自治条例、单行条例的立法主体是（　　）。

A. 自治区的人民代表大会

B. 自治州的人民代表大会常务委员会

C. 自治县的人民代表大会常务委员会

D. 自治区的人民代表大会常务委员会

72. 下列表述正确的是（　　）。

A. 全国人民代表大会无权改变或者撤销它的常务委员会制定的不适当的法律

B. 全国人民代表大会常务委员会有权撤销同宪法和法律相抵触的行政法规

C. 国务院无权改变不适当的部门规章和地方政府规章

D. 地方人民代表大会常务委员会不能撤销本级人民政府制定的不适当的规章

73. 下列法律规范中（　　）效力最高。

A. 法律　　B. 行政法规

C. 地方性法规　　D. 规章

74. 全国人大常务委员会通过的法律由（　　）签署予以公布。

A. 国务院总理　　B. 国家主席

C. 国家副主席　　D. 委员长

75. 根据我国《宪法》的规定，下列哪个选项由全国人民代表大会选举产生？（　　）

A. 国家副主席　　B. 中央军委副主席

C. 国务院副总理　　D. 最高人民检察院副检察长

76. 我国《宪法》规定了国家主席的替补制度，下列选项中哪个是对替补制度的正确表述？（　　）

A. 主席缺位时由副主席代理

B. 主席缺位时由副主席继任

C. 主席缺位时由全国人大补选

D. 主席缺位时由全国人大常委会委员长代理

77. 关于中央军委，下列表述中不正确的是（　　）。

A. 中央军委领导全国的武装力量

B. 中央军委对最高国家权力机关负责

C. 中央军委主席每届任期五年

D. 中央军委不设秘书长职务

78. 下列选项中，哪个不是国务院常务会议的组成人员？（　　）

A. 副总理　　B. 国务委员

C. 秘书长　　D. 审计长

79. 下列选项中哪个是国家主席单独行使的职权？（　　）

A. 任免国务院总理　　B. 发布特赦令

C. 接受外国使节　　D. 公布法律

80. 下列选项中哪项是国务院的职权？（　　）

A. 批准特别行政区的设立

B. 批准省、自治区、直辖市的区域划分

C. 批准同国外缔结的条约

D. 批准全国总动员

81. 根据《宪法》的规定，在全国人大闭会期间，全国人大常委会无权决定下列哪个人选？（　　）

A. 国务委员　　B. 各部部长

C. 秘书长　　D. 各委员会主任

82. 我国《宪法》规定，民族乡的人民代表大会可以依照法律规定的权限（　　）。

A. 制定自治条例和单行条例

B. 制定具有民族特点的政府规章

C. 采取适合民族特点的具体措施

D. 自行确定经济社会发展政策

83. 张某是某市人大常委会副主任。根据宪法，他不能担任下列

哪一项职务？（　　）

A. 某中学校长　　B. 某法院审判委员会委员

C. 某人民团体负责人　　D. 某国有企业的董事长

84. 某县为土家族自治县，依照宪法，该县人大常委会主任或副主任人选应当符合下列哪项规定？（　　）

A. 主任或副主任中有土家族公民担任即可

B. 主任必须由土家族公民担任

C. 副主任必须由土家族公民担任

D. 主任和副主任都必须由土家族公民担任

85. 国家监察委员会主任由（　　）选举。

A. 国家主席　　B. 全国人民代表大会

C. 国家监察委员会　　D. 国务院

86. 下列哪一主体无权制定地方性法规？（　　）

A. 重庆市人民代表大会

B. 河北省人民代表大会常务委员会

C. 河北省石家庄市人民代表大会

D. 河北省石家庄市正定县人民代表大会

87. 下列说法错误的是（　　）。

A. 国家监察委员会是最高监察机关

B. 地方各级监察委员会对国家监察委员会负责

C. 上级监察委员会与下级监察委员会是领导与被领导的关系

D. 监察委员会依法独立行使监察权

88. 设区的市的人民代表大会制定的地方性法规应当报（　　）批准。

A. 不需要上报批准

B. 全国人民代表大会

C. 全国人民代表大会常务委员会

D. 省、自治区人民代表大会常务委员会

三、多项选择题

1. 我国行使宪法监督职权的机关是（　　）。

A. 全国人民代表大会　　B. 全国人大常委会

C. 最高人民法院　　D. 最高人民检察院

2. 根据我国《宪法》的规定，我国的民族自治地方包括（　　）。

A. 自治区　　B. 自治州

C. 自治县　　D. 民族乡

3. 按照我国《宪法》的规定，下列属于全国人民代表大会常务委员会的职权的是（　　）。

A. 解释宪法和法律

B. 决定特别行政区的设立及其制度

C. 决定省、自治区、直辖市范围内部分地区进入紧急状态

D. 监督宪法的实施

4. 下列属于全国人大常委会组成人员的是（　　）。

A. 委员长　　B. 副委员长

C. 秘书长　　D. 办公厅主任

5. 全国人大常委会的组成人员不得兼任（　　）。

A. 国家行政机关职务　　B. 民主党派的领导职务

C. 国家审判机关的职务　　D. 国家检察机关的职务

6.《宪法》规定，中央军事委员会的组成人员包括（　　）。

A. 主席　　B. 副主席若干人

C. 委员若干人　　D. 秘书长

7. 人民法院依照法律规定独立行使审判权，不受（　　）的干涉。

A. 行政机关　　　　　　　　B. 法律监督机关

C. 权力机关　　　　　　　　D. 社会团体和个人

8. 自治州、自治县制定的自治条例和单行条例（　　）。

A. 报省、自治区、直辖市的人大常委会批准后生效

B. 报全国人大常委会批准后生效

C. 报省或自治区人大批准后生效

D. 报全国人大常委会备案

9.《宪法》的修改由（　　）提议，并由全国人民代表大会通过。

A. 全国人民代表大会主席团

B. 全国人大常委会

C. 全国人民代表大会的各个专门委员会

D. 五分之一以上的全国人民代表大会代表

10. 我国民族自治地方的自治机关是（　　）。

A. 自治区、自治州、自治县的人民代表大会

B. 自治区、自治州、自治县的人民政治协商会议

C. 自治区、自治州、自治县的人民政府

D. 自治区、自治州、自治县的人民法院、人民检察院

11.《宪法》规定，连续任职不得超过两届的国务院组成人员有（　　）。

A. 总理　　　　　　　　B. 副总理

C. 秘书长　　　　　　　D. 国务委员

12. 根据《宪法》的规定，关于动员和紧急状态的决定权，下列哪些选项是正确的？（　　）

A. 全国人大常委会有权决定全国总动员

B. 全国人大常委会有权决定全国进入紧急状态

C. 国务院有权决定个别省、自治区、直辖市进入紧急状态

D. 国务院有权决定局部动员

13. 根据《宪法》的规定，下列哪些选项是正确的？（　　）

A. 国务院由总理、副总理、国务委员、秘书长组成

B. 国务院常务会议由总理、副总理、国务委员、秘书长组成

C. 国务院有权改变或者撤销地方各级国家行政机关的不适当的决定和命令

D. 国务院依法决定省、自治区、直辖市的范围内部分地区进入紧急状态

14. 全国人民代表大会代表在（　　），不受法律追究。

A. 全国人民代表大会各种会议上的发言

B. 各种会议上的发言

C. 全国人民代表大会各种会议上的表决

D. 进行视察活动时的一切行为

15. 全国人民代表大会各专门委员会在（　　）领导下，研究、审议和拟订有关议案。

A. 全国人民代表大会　　B. 全国人大常委会

C. 全国人大常委会委员长　　D. 全国人大常委会办公厅

16. 国务院各部、各委员会根据法律和国务院的行政法规、决定、命令，在本部门的权限内，发布（　　）。

A. 命令　　B. 指示

C. 规章　　D. 决定

17. 居民委员会、村民委员会设（　　）等委员会，办理本居住地区的公共事务和公益事业，调解民间纠纷，协助维护社会治安，并且向人民政府反映群众的意见、要求和提出建议。

A. 人民调解　　B. 社会事务

C. 治安保卫　　D. 公共卫生

18. 根据《宪法》第 91 条的规定，国家审计机关可以对（　　）行使审计监督权。

A. 省人民政府的财政收支

B. 国家农业开发银行的财务收支

C. 中国电信公司的财务收支

D. 卫生部的财务收支

19. 人大代表由间接选举产生的是（　　）。

A. 全国人民代表大会的代表

B. 省、自治区、直辖市人民代表大会的代表

C. 设区的市、自治州的人民代表大会的代表

D. 乡、镇的人民代表大会的代表

20. 全国人民代表大会与全国人大常委会都是我国立法机关，关于二者的立法权限分工，下列选项正确的有（　　）。

A. 全国人民代表大会制定、修改基本法律

B. 全国人大常委会制定、修改基本法律以外的法律

C. 全国人大常委会可以部分补充、修改基本法律

D. 全国人民代表大会制定行政法规及规章

21. 下列选项中，由国家主席予以公布的是（　　）。

A. 全国人民代表大会制定的法律

B. 省级人民代表大会制定的法规

C. 国务院制定的法规

D. 全国人民代表大会常务委员会制定的法律

22. 民族自治地方人民代表大会可以制定（　　）。

A. 行政法规　　B. 规章

C. 自治条例　　D. 单行条例

23. 根据《宪法》的规定，下列有关国家机构职权的表述中哪些

是错误的？（　　）

A. 全国人民代表大会无权决定设立国务院各部、各委员会

B. 国务院有权决定自治州的设立

C. 自治区人民代表大会常委会有权决定民族乡的设立

D. 全国人民代表大会常委会有权决定大赦

24. 根据《宪法》，下列人员中，由国家主席任命的有（　　）。

A. 国务院总理　　B. 国务院秘书长

C. 中央军委主席　　D. 国家副主席

25. 关于全国人大常委会，下列选项中表述正确的有（　　）。

A. 组成人员必须是全国人大代表

B. 组成人员连续任职不得超过两届

C. 组成人员不得兼任行政机关、审判机关和检察机关的职务

D. 组成人员中必须有少数民族的代表

26. 下列选项属于全国人大常委会职权的有（　　）。

A. 决定战争和和平的问题　　B. 决定战争状态的宣布

C. 决定全国总动员　　D. 决定全国进入紧急状态

27. 根据《宪法》的规定，下列选项中表述正确的有（　　）。

A. 人民法院是国家的审判机关

B. 人民检察院是国家的法律监督机关

C. 民族乡的人民政府是自治机关

D. 自治县的人民代表大会是自治机关

28. 在全国人大闭会期间，根据总理提名，全国人大常委会可以决定下列哪些人选的任免？（　　）

A. 审计长　　B. 秘书长

C. 国务委员　　D. 副总理

29. 全国人大代表在开会期间有权质询的对象包括（　　）。

A. 国务院　　B. 最高人民法院

C. 中央军委　　D. 国务院各部委

30. 国家主席行使下列哪些职权，需要根据全国人大或全国人大常委会的决定？（　　）

A. 代表国家接受外交使节　　B. 授予勋章和荣誉称号

C. 任免国务院副总理　　D. 进行国事活动

31. 关于民族自治地方的自治权，下列哪些说法是正确的？（　　）

A. 民族自治地方有权自主管理地方财政

B. 自治州人民代表大会有权制定自治条例和单行条例

C. 自治县政府有权自主安排本县经济建设事业

D. 自治区政府有权保护和整理民族的文化遗产

32. 下列哪些国家机关实行集体责任制？（　　）

A. 人民代表大会　　B. 人大常委会

C. 人民法院和人民检察院　　D. 中央军事委员会

33. 关于全国人民代表大会的职权，下列哪些说法是正确的？（　　）

A. 选举国家主席、副主席

B. 选举国务院总理、副总理

C. 选举最高人民法院院长、选举最高人民检察院检察长

D. 决定特别行政区的设立及其制度

34. 按照我国《宪法》的规定，下列何种选项属于需要作出改变或者撤销决定的情形？（　　）

A. 全国人大对全国人大常委会不适当的决定

B. 国务院对市、县、乡政府不适当的决定和命令

C. 省人大制定的同宪法、法律和行政法规相抵触的地方性法

规和决议

D. 省人大常委会对省政府的不适当的决定和命令

35. 根据《宪法》的规定，下列表述错误的是？（　　）

A. 全国人大代表在全国人大各种会议上的活动不受法律追究

B. 在全国人大闭会期间，全国人大代表未经选举单位人大常委会批准，不受逮捕和刑事审判

C. 全国人大代表在全国人大开会期间，有权提出对国务院或者国务院各部、各委员会的质询案

D. 全国人大代表受原选举单位的监督

36. 根据我国《宪法》的规定，下列哪些人员是国务院组成人员？（　　）

A. 外交部副部长

B. 国家发展和改革委员会主任

C. 证监会主席

D. 审计署审计长

37. 根据我国《宪法》的规定，下列有关审计机关的表述哪些是正确的？（　　）

A. 县级以上的地方各级人民政府设立审计机关

B. 国务院审计机关对国务院各部门和地方各级政府的财政收支，对国家财政金融机构和企事业组织的财政收支进行审计监督

C. 国务院审计机关在国务院总理领导下，依照法律规定独立行使审计监督权，不受其他行政机关、社会团体和个人的干涉

D. 地方各级审计机关依照法律规定独立行使审计监督权，不对同级人民政府负责

38. 根据《宪法》的规定，下列哪些选项是正确的？（　　）

A. 中华人民共和国主席对全国人大及其常委会负责

B. 国务院对全国人大负责并报告工作，在全国人大闭会期间对全国人大常委会负责并报告工作

C. 最高人民法院、最高人民检察院对全国人大及其常委会负责

D. 中央军事委员会对全国人大负责并报告工作，在全国人大闭会期间对全国人大常委会负责并报告工作

39. 下列哪些主体可以根据法律和国务院的行政法规、决定、命令，在本部门的权限范围内制定规章？（　　）

A. 国务院各部、各委员会

B. 中国人民银行

C. 审计署

D. 国务院具有行政管理职能的直属机构

40. 县级以上地方各级人大常委会的主要职权是（　　）。

A. 保证宪法和法律的实施　　B. 地方性法规的制定权

C. 重大事项的决定权　　D. 监督权

41. 全国人大常委会委员长会议由（　　）组成。

A. 委员长　　B. 副委员长

C. 委员　　D. 秘书长

42. 当选为国家主席的基本条件是（　　）。

A. 中国公民　　B. 享有政治权利

C. 年满 45 周岁　　D. 在中国连续居住满 20 年

43. 在中央国家机关中采取首长个人负责制的有（　　）。

A. 全国人大　　B. 全国人大常委会

C. 国务院　　D. 中央军委

44. 根据宪法和法律的规定，法律的效力高于（　　）。

A. 行政法规　　B. 基本法

C. 地方性法规　　D. 规章

45. 全国人大常委会有权对全国人大制定的法律进行（　　），但是不得同该法律的基本原则相抵触。

A. 部分补充　　B. 补充

C. 修改　　D. 重订

46. 根据宪法和选举法的规定，我国选举制度的基本原则有（　　）。

A. 选举权的平等性与普遍性原则

B. 直接选举和间接选举并用的原则

C. 从物质和法律上保障选民的选举权利

D. 代表对选民和原选举单位负责并受其监督

47. 中央国家机构包括（　　）

A. 全国人大及其常委会

B. 最高人民法院和最高人民检察院

C. 国务院

D. 中央军委

48. 个人负责制是（　　）。

A. 民主集中制的一种运用方式

B. 由首长个人决定问题并承担相应责任的领导体制

C. "由单位领导说了算"的法律术语

D. 由单位第一把手对其员工行为承担一切责任的制度

49. 我国村民委员会依法实行（　　）。

A. 民主选举　　B. 民主决策

C. 民主管理　　D. 民主监督

50. 我国基层政权与居民委员会和村民委员会的关系是（　　）。

A. 指导　　B. 支持

C. 帮助　　D. 领导

51. 监察委员会由下列哪些人员组成?(　　)

A. 主任　　B. 副主任

C. 委员　　D. 秘书长

52. 下列说法正确的有(　　)。

A. 监察委员会主任每届任期同本级人民代表大会每届任期相同

B. 国家监察委员会主任连续任职不得超过五年

C. 我国设立国家监察委员会和地方各级监察委员会

D. 监察委员会的组织和职权由国务院决定

四、填空题

1. 我国国家最高权力机关是__________。

2. 全国人民代表大会和全国人民代表大会__________行使国家立法权。

3. 全国人民代表大会由省、__________、直辖市、__________和__________选出的代表组成。各__________都应当有适当名额的代表。

4. 全国人民代表大会代表的选举由______________主持。

5. 全国代表大会代表名额和代表产生办法由________规定。

6. 全国人民代表大会每届任期______年。

7. 全国人民代表大会任期届满的______以前,全国人民代表大会常务委员会必须完成下届全国人民代表大会代表的选举。如果遇到不能进行选举的非常情况,由全国人民代表大会常务委员会以全体组成人员的__________以上的多数通过,可以推迟选举,延长本届全国人民代表大会的任期。在非常情况结束后______内，必须完成下届全国人民代表大会代表的选举。

8. 全国人民代表大会会议由__________召集。全国人民代表大会举行会议的时候，选举__________主持会议。

9. 如果全国人民代表大会常务委员会认为必要，或者有______以上的全国人民代表大会代表提议，可以临时召集全国人民代表大会会议。

10. 全国人民代表大会根据中华人民共和国__________的提名，决定______________的人选；根据国务院总理的提名，决定____________、国务委员、各部部长、各委员会主任、审计长、秘书长的人选。

11. 宪法的修改，由___________或者___________以上的全国人民代表大会代表提议，并由全国人民代表大会以全体代表的________以上的多数通过。

12. 法律和其他议案由全国人民代表大会以全体代表的______通过。

13. 全国人民代表大会常务委员会由下列人员组成：________，副委员长若干人，________，委员若干人。

14. 全国人民代表大会常务委员会组成人员中，应当有适当名额的________代表。

15. 全国人民代表大会常务委员会的组成人员不得担任________机关、_______机关、_______机关和_______机关的职务。

16. 全国人民代表大会常务委员会__________主持全国人民代表大会常务委员会的工作，召集全国人民代表大会常务委员会会议。

17. 委员长、副委员长、秘书长组成委员长会议，处理全国人民代表大会常务委员会的重要________。

18. 全国人民代表大会常务委员会对全国人民代表大会______并______工作。

19. 各专门委员会在全国人民代表大会和全国人民代表大会常务委员会领导下，研究、______和拟订有关______。

20. 全国人民代表大会和全国人民代表大会常务委员会认为必要的时候，可以组织关于特定问题的__________。

21. 全国人民代表大会代表在全国人民代表大会开会期间，全国人民代表大会常务委员会组成人员在常务委员会开会期间，有权依照法律规定的程序提出对________或者________、各委员会的________。受质询的机关必须负责答复。

22. 全国人民代表大会代表，非经全国人民代表大会会议______许可，在全国人民代表大会闭会期间非经______________许可，不受逮捕或者刑事审判。

23. 全国人民代表大会代表在全国人民代表大会各种会议上的________和______，不受法律追究。

24. 中华人民共和国主席、副主席由______________选举。

25. 有选举权和被选举权的年满______周岁的中华人民共和国公民可以被选为中华人民共和国主席、副主席。

26. 中华人民共和国主席根据____________的决定和__________的决定，公布法律，任免国务院总理、副总理、国务委员、各部部长、各委员会主任、审计长、秘书长，授予国家的勋章和荣誉称号，发布特赦令，宣布进入紧急状态，宣布战争状态，发布动员令。

27. 中华人民共和国副主席受______的委托，可以代行主席的部分职权。

28. 中华人民共和国主席、副主席行使职权到下届全国人民代表大会选出的______、______就职为止。
29. 中华人民共和国主席缺位的时候，由副主席________的职位。
30. 中华人民共和国主席、副主席都缺位的时候，在补选以前，由全国人民代表大会常务委员会委员长________主席职位。
31. 中华人民共和国国务院，即__________，是最高国家权力机关的________机关，是最高国家________机关。
32. 国务院由下列人员组成：____，副总理若干人，______若干人，各部部长，各委员会主任，审计长，______。
33. 国务院实行________负责制。各部、各委员会实行________、________负责制。
34. 国务院每届任期为______。总理、______、______连续任职不得超过两届。
35. 总理、__________、__________、__________组成国务院常务会议。
36. 总理召集和主持国务院________会议和国务院________会议。
37. 国务院批准省、______、______的区域划分，批准______、县、______、市的建置和区域划分。
38. 国务院依照法律规定决定______、自治区、______的范围内部分地区进入紧急状态。
39. 国务院各部______、各委员会______负责本部门的工作。
40. 审计机关在国务院________领导下，依照法律规定独立行使________权，不受其他行政机关、社会团体和个人的干涉。
41. 国务院对______________负责并报告工作；在____________闭会期间，对__________________负责并报告工作。
42. 中华人民共和国______________领导全国武装力量。其由下列人员组成：________，________若干人，________若干人。

43. 中央军事委员会实行______负责制。

44. 中央军事委员会______对______________和______________负责。

45. 省、直辖市、县、市、市辖区、______、民族乡、______设立人民代表大会和人民政府。

46. ______、自治州、______设立自治机关。

47. 地方________人民代表大会是地方国家权力机关。________以上的地方国家权力机关设立常务委员会。

48. 省、直辖市、设区的市的人民代表大会代表由______的人民代表大会选举；县、不设区的市、市辖区、乡、民族乡、镇的人民代表大会代表由______选举。

49. 地方各级人民代表大会代表名额和代表产生办法由________规定。

50. __________人民代表大会每届任期________。

51. 省、直辖市的人民代表大会和它们的常务委员会，在不同________、________、________相抵触的前提下，可以制定地方性法规，报______________备案。

52. ____、______、设区的市的人民代表大会代表受原选举单位的监督；______、不设区的市、______、乡、民族乡、镇的人民代表大会代表受选民的监督。

53. 县级以上的地方各级人民代表大会常务委员会由______、副主任若干人和________若干人组成，对______人民代表大会负责并报告工作。

54. 县级以上的地方各级人民代表大会常务委员会的组成人员不得担任________机关、________、审判机关和__________的职务。

55. 地方各级__________是地方各级国家权力机关的执行机关，是地方各级国家行政机关。

56. 地方各级人民政府每届任期同______人民代表大会每届任期________。

57. 省、直辖市的人民政府决定______、民族乡、______的建置和区域划分。

58. ___________以上的地方各级___________设立审计机关。地方各级审计机关依照法律规定独立行使审计监督权，对本级__________和上一级__________负责。

59. 全国地方各级人民政府都是__________统一领导下的国家行政机关，都服从__________。

60. 城市和农村按居民居住地区设立的__________或者________是基层群众性自治组织。

61. 居民委员会、村民委员会设__________、治安保卫、__________等委员会，办理本居住地区的公共事务和公益事业，调解民间纠纷，协助维护社会治安，并且向人民政府反映群众的意见、要求和提出建议。

62. 民族自治地方的自治机关是______、自治州、自治县的人民代表大会和__________。

63. 自治区、自治州、自治县的人民代表大会常务委员会中应当有实行区域自治的民族的公民担任______或者______。

64. 自治区主席、自治州州长、自治县县长由实行________的民族的________担任。

65. 自治区的自治条例和单行条例，报______________批准后生效。自治州、自治县的自治条例和单行条例，报________或者________的人民代表大会常务委员会批准后生效，并报________备案。

66. 民族自治地方的自治机关依照国家的军事制度和当地的实际需要，经________批准，可以组织本地方维护社会治安的公安部队。

67. 国家从______、物资、______等方面帮助各少数民族加速发展______建设和________建设事业。

68. 国家帮助民族自治地方从当地民族中大量培养各级______、各种专业______和技术______。

69. 中华人民共和国各级监察委员会是国家的________机关。

70. 中华人民共和国设立______监察委员会和______监察委员会。

71. 监察委员会由________，______若干人，________若干人组成。

72. 监察委员会主任每届任期同__________每届任期相同。国家监察委员会主任连续任职不得超过__________。

73. 监察委员会的组织和职权由________规定。

74. ________________是最高监察机关。

75. 国家监察委员会__________地方各级监察委员会的工作，上级监察委员会__________下级监察委员会的工作。

76. 国家监察委员会对__________和__________负责。地方各级监察委员会对产生它的__________和__________负责。

77. 监察委员会依照法律规定独立行使监察权，不受________、________和________的干涉。

78. 监察机关办理职务违法和职务犯罪案件，应当与________、________、________互相配合，互相制约。

79. 中华人民共和国人民法院是国家的________机关。

80. 中华人民共和国设立__________人民法院、________人民法院和________法院等专门人民法院。

81. 最高人民法院院长每届任期同____________每届任期相同，连续任职不得超过__________。

82. 人民法院审理案件，除法律规定的特别情况外，一律______进行。被告人有权获得________。

83. 人民法院依照法律规定独立行使审判权，不受___________、________和________的干涉。

84. 最高人民法院______地方各级人民法院和专门人民法院的审判工作，上级人民法院______下级人民法院的审判工作。

85. 最高人民法院对_____________和全国人民代表大会常务委员会负责。地方各级人民法院对产生它的_________负责。

86. 中华人民共和国人民检察院是国家的_______机关。

87. 中华人民共和国设立最高人民检察院、_________人民检察院和______检察院等专门人民检察院。

88. 最高人民检察院检察长连续任职不得超过______。

89. 人民检察院依照法律规定独立行使检察权，不受_________、社会团体和______的干涉。

90. 最高人民检察院______地方各级人民检察院和专门人民检察院的工作，上级人民检察院______下级人民检察院的工作。

91. 最高人民检察院对全国人民代表大会和_________________负责。地方各级人民检察院对产生它的国家权力机关和_________人民检察院负责。

92. 人民法院和人民检察院对于不通晓当地通用的语言文字的诉讼参与人，应当为他们______。在少数民族聚居或者多民族共同居住的地区，应当用当地______的语言进行审理。

93. 人民法院、人民检察院和公安机关办理刑事案件，应当____

______，互相______，互相______，以保证准确有效地执行法律。

参考答案

一、判断题

1. √，解析：略。
2. √，解析：参见《中华人民共和国宪法修正案》第 52 条。
3. √，解析：略。
4. √，解析：《宪法》第 3 条第 3 款："国家行政机关、监察机关、审判机关、检察机关都由人民代表大会产生，对它负责，受它监督。"
5. ×，解析：我国的国家权力机关是人民代表大会，全国人民代表大会是最高国家权力机关。
6. ×，解析：我国的最高国家权力机关是全国人民代表大会，全国人大常委会是其常设机关。
7. √，解析：略。
8. √，解析：《宪法》第 59 条第 1 款："全国人民代表大会由省、自治区、直辖市、特别行政区和军队选出的代表组成。各少数民族都应当有适当名额的代表。"
9. √，解析：见《宪法》第 62 条第 1 项。
10. √，解析：《宪法》第 58 条："全国人民代表大会和全国人民代表大会常务委员会行使国家立法权。"
11. ×，解析：《宪法》第 61 条第 1 款："全国人民代表大会会议每年举行一次，由全国人民代表大会常务委员会召集。如果全国人民代表大会常务委员会认为必要，或者有五分之一以上的全国人民代表大会代表提议，可以临时召集全国人民代表大会会议。”

12. ×，解析：《宪法》第 61 条第 2 款：“全国人民代表大会举行会议的时候，选举主席团主持会议。”

13. √，解析：《宪法》第 59 条第 2 款：“全国人民代表大会代表的选举由全国人民代表大会常务委员会主持。”

14. ×，解析：《宪法》第 60 条第 1 款：“全国人民代表大会每届任期五年。”

15. ×，解析：见《宪法》第 62 条。副总理由国务院总理提名，全国人大决定。

16. √，解析：见《宪法》第 62 条。

17. √，解析：见《宪法》第 63 条。

18. √，解析：见《宪法》第 63 条。

19. ×，解析：见《宪法》第 63 条。

20. √，解析：略。

21. ×，解析：全国人大常委会与全国人大共同行使立法权，都是国家立法机关。

22. ×，解析：修改宪法只能由全国人大进行，解释宪法只能由全国人大常委会进行。

23. √，解析：略。

24. ×，解析：《宪法》第 64 条第 1 款：“宪法的修改，由全国人民代表大会常务委员会或者五分之一以上的全国人民代表大会代表提议，并由全国人民代表大会以全体代表的三分之二以上的多数通过。”

25. √，解析：见《宪法》第 67 条。

26. √，解析：见《宪法》第 67 条。

27. ×，解析:《宪法》第 70 条第 1 款:“在全国人民代表大会闭会期间，各专门委员会受全国人民代表大会常务委员会的领导。”
28. ×，解析: 特定问题调查委员会属于全国人大临时性委员会。见《宪法》第 71 条。
29. √，解析: 见《宪法》第 72、73、74、75 条。
30. ×，解析: 见《宪法》第 74 条。
31. √，解析: 见《宪法》第 75 条。
32. √，解析: 见《宪法》第 77 条。
33. √，解析: 注意国家主席属于国家机构。
34. ×，解析: 我国《宪法》对国家主席、副主席任职要求相同。
35. ×，解析: 有权罢免国家监察委员会主任的是全国人民代表大会，参见《宪法》第 63 条。
36. ×，解析: 中华人民共和国主席只能根据全国人大及其常委会的决定行使以上职权。见《宪法》第 80 条。
37. √，解析: 见《宪法》第 81 条。
38. √，解析: 见《宪法》第 84 条第 1 款。
39. √，解析: 见《宪法》第 85 条。
40. ×，解析: 国务院实行总理负责制，各部委实行首长负责制。
41. √，解析: 见《宪法》第 87 条。
42. √，解析: 略。
43. ×，解析: 还包括各部部长、各委员会主任。见《宪法》第 86 条。
44. √，解析: 见《宪法》第 89 条。
45. √，解析: 见《宪法》第 89 条。
46. √，解析: 见《宪法》第 91 条第 2 款。

47. ×，解析：全国人大闭会期间，国务院对全国人大常委会负责并报告工作。见《宪法》第 92 条。
48. √，解析：见《宪法》第 93 条第 1 款。
49. ×，解析：见《宪法》第 94 条。
50. ×，解析：中央军事委员会实行主席负责制。见《宪法》第 93 条。
51. √，解析：见《宪法》第 95 条。
52. ×，解析：是法律监督关系，而非领导关系。
53. ×，解析：由选民直接选举，见《宪法》第 97 条。
54. √，解析：2004 年宪法修正案将各级人民代表大会任期统一为五年。
55. √，解析：见《宪法》第 100 条。
56. √，解析：见《宪法》第 101 条第 2 款。
57. ×，解析：仅对常务委员会的组成人员有此要求，见《宪法》第 103 条。
58. √，解析：见《宪法》第 105 条第 2 款。
59. √，解析：任期均为五年。
60. ×，解析：地方政府除特别行政区外不享有外事权。
61. √，解析：略。
62. ×，解析：同时应对其上一级审计机关负责。见《宪法》第 109 条。
63. √，解析：见《宪法》第 108 条。
64. √，解析：略。
65. ×，解析：居民委员会、村民委员会的主任、副主任和委员由居民选举，见《宪法》第 111 条。
66. ×，解析：《宪法》没有这样的表述，见第 111 条。《城市居民委员会组织法》和《村民委员会组织法》规定我国基层政权与居民委员会和村民委员会的关系是指导、支持、帮助。

67. ×，解析：还包括相应的人民政府，见《宪法》第112条。

68. ×，解析：有实行区域自治的民族公民担任副主任即可，见《宪法》第113条。

69. √，解析：见《宪法》第114条。

70. √，解析：见《宪法》第115条。

71. √，解析：见《宪法》第116条。

72. ×，解析：自治区的自治条例和单行条例，报全国人大常委会批准后生效。自治州、自治县的自治条例和单行条例，报省或者自治区的人大常委会批准后生效，并报全国人大常委会备案，见《宪法》第116条。

73. √，解析：见《宪法》第117、118、119条。

74. ×，解析：须经国务院批准，见《宪法》第120条。

75. √，解析：见《宪法》第121条。

76. √，解析：见《宪法》第122条。

77. √，解析：见《宪法》第129条。

78. ×，解析：人民法院审理案件，除法律规定的特别情况外，一律公开进行。见《宪法》第130条。

79. √，解析：见《宪法》第131条。

80. ×，解析：是监督关系，见《宪法》第132条。

81. ×，解析：并未规定"报告工作"，见《宪法》第133条。

82. √，解析：见《宪法》第134条。

83. √，解析：见《宪法》第129、135条。

84. √，解析：见《宪法》第137条。

85. √，解析：见《宪法》第 139 条。

86. ×，解析：分工负责、互相配合、互相制约，见《宪法》第 140 条。

87.×，解析：参见《宪法》第 100 条第 2 款，设区的市的人民代表大会及其常务委员会也有权制定地方性法规。

88. ×，解析：我国的监察机关是各级监察委员会，参见《宪法》第 123 条。

89. √，解析：参见《宪法》第 124 条。

90. ×，解析：《宪法》第 127 条："监察机关办理职务违法和职务犯罪案件，应当与审判机关、检察机关、执法部门互相配合，互相制约。"

二、单项选择题

1. C，解析：参见《宪法》第 3 条第 1 款："中华人民共和国的国家机构实行民主集中制的原则。"

2. A，解析：略。

3. C，解析：参见《宪法》第 64 条第 1 款。

4. A，解析：考查全国人大的职权，参见《宪法》第 62 条。

5. A，解析：考查全国人大职权，参见《宪法》第 62、63 条。

6. A，解析：参见《宪法》第 93 条。

7. C，解析：《宪法》第 58 条："全国人民代表大会和全国人民代表大会常务委员会行使国家立法权。"

8. A，解析：参见《宪法》第 59 条第 1 款。

9. D，解析：参见《宪法》第 65 条第 2 款。

10. C，解析：国务院副总理由国务院总理提名，全国人民代表大会决定。参见《宪法》第 62 条。

11. A，解析：参见《宪法》第 60 条第 2 款。

12. B，解析：考查中央国家机构的职权对比，国家基本法律的立法权属于全国人民代表大会。参见《宪法》第 62、67 条。
13. C，解析：参见《宪法》第 62、67 条。
14. B，解析：参见《宪法》第 111 条第 1 款。
15. C，解析：参见《宪法》第 89 条。
16. B，解析：参见《宪法》第 89 条。
17. A，解析：考查各级人民法院关系、各级人民检察院关系的区别。参见《宪法》第 132、137 条。
18. C，解析：宪法解释权专属于全国人大常委会，全国人大只修改宪法不解释宪法。参见《宪法》第 67 条。
19. B，解析：参见《宪法》第 81 条。
20. A，解析：2004 年宪法修正案将各级人民代表大会任期统一为五年。参见《宪法》第 98 条。
21. B，解析：参见《宪法》第 116 条。
22. B，解析：参见《宪法》第 111 条第 1 款。
23. D，解析：参见《宪法》第 62 条。
24. B，解析：参见《宪法》第 67 条。
25. B，解析：参见《宪法》第 68 条第 2 款。
26. A，解析：参见《宪法》第 74 条。
27. D，解析：参见《宪法》第 128 条。
28. C，解析：中央军事委员会主席对全国人大及其常委会负责。参见《宪法》第 94 条。
29. A，解析：参见《宪法》第 114 条。
30. B，解析：参见《宪法》第 67 条。
31. D，解析：参见《宪法》第 84 条第 3 款。
32. C，解析：《宪法》第 112 条："民族自治地方的自治机关是自治区、自治州、自治县的人民代表大会和人民政府。”因此排除C选项。

33. A，解析：考查全国人大常委会的职权，《宪法》第67条第12项：“根据最高人民法院院长的提请，任免最高人民法院副院长、审判员、审判委员会委员和军事法院院长”。

34. B，解析：参见《宪法》第111条第1款。

35. C，解析：参见《宪法》第73条。

36. B，解析：参见《宪法》第77条。

37. A，解析：《宪法》第86条第1款：“国务院由下列人员组成：总理，副总理若干人，国务委员若干人，各部部长，各委员会主任，审计长，秘书长。”

38. A，解析：参见《宪法》第91条第2款。

39. C，解析：《宪法》第100条第1款：“省、直辖市的人民代表大会和它们的常务委员会，在不同宪法、法律、行政法规相抵触的前提下，可以制定地方性法规，报全国人民代表大会常务委员会备案。”以上四个选项只有C选项符合。

40. B，解析：参见《宪法》第139条。

41. A，解析：《宪法》第103条第3款：“县级以上的地方各级人民代表大会常务委员会的组成人员不得担任国家行政机关、监察机关、审判机关和检察机关的职务。”A选项为党的机关的职务，不包括在内。

42. B，解析：《宪法》第116条：“民族自治地方的人民代表大会有权依照当地民族的政治、经济和文化的特点，制定自治条例和单行条例。”

43. A，解析：《宪法》第140条：“人民法院、人民检察院和公安机关办理刑事案件，应当分工负责，互相配合，互相制约，以保证准确有效地执行法律。”

44. B，解析：根据《宪法》第 104 条规定，县级以上地方人大常委会有权监督本级人民政府、监察委员会、人民法院和人民检察院的工作。
45. C，解析：参见《宪法》第 67 条。注意全国人大有权选举和罢免最高人民检察院检察长。
46. B，解析：参见《宪法》第 107 条第 3 款。
47. D，解析：参见《宪法》第 105 条第 1 款。
48. A，解析：参见《宪法》第 61 条第 1 款。
49. B，解析：参见《宪法》第 67 条。
50. C，解析：参见《宪法》第 86 条第 2 款。
51. A，解析：参见《宪法》第 100、116 条。
52. A，解析：参见《宪法》第 62 条。
53. C，解析：参见《宪法》第 67 条。
54. B，解析：参见《宪法》第 89 条。
55. D，解析：参见《宪法》第 61 条。
56. B，解析：参见《宪法》第 60 条第 1 款。
57. A，解析：参见《宪法》第 61 条。
58. A，解析：参见《宪法》第 133 条。
59. C，解析：参见《宪法》第 138 条。
60. B，解析：《宪法》第 87 条第 2 款：“总理、副总理、国务委员连续任职不得超过两届。”
61. A，解析：参见《宪法》第 67 条。
62. A，解析：参见《宪法》第 68 条第 1 款。
63. A，解析：参见《宪法》第 93 条第 1 款。
64. D，解析：参见《宪法》第 79 条第 2 款。

65. B，解析：参见《宪法》第 71 条。
66. B，解析：参见《宪法》第 67 条。
67. C，解析：除 C 选项外，宪法对国家主席、中央军委主席、中国人民政治协商会议均无“报告工作”的要求。
68. C，解析：参见《宪法》第 67 条。
69. B，解析：参见《宪法》第 97 条。
70. C，解析：我国有全国人大、省级人大、市级人大、县级人大、乡镇人大这五级人民代表大会。
71. A，解析：《宪法》第 116 条：“民族自治地方的人民代表大会有权依照当地民族的政治、经济和文化的特点，制定自治条例和单行条例。”
72. B，解析：考查国家机关职权对比。参见《宪法》第 62、67、89、104 条。
73. A，解析：法律由全国人大及其常委会制定，效力高于其他国家机关制定的法律规范。
74. B，解析：参见《宪法》第 80 条。
75. A，解析：参见《宪法》第 62 条。
76. B，解析：参见《宪法》第 84 条。
77. B，解析：《宪法》第 94 条：“中央军事委员会主席对全国人民代表大会和全国人民代表大会常务委员会负责。”
78. D，解析：参见《宪法》第 88 条第 2 款。
79. C，解析：参见《宪法》第 81 条。
80. B，解析：参见《宪法》第 89 条。
81. A，解析：参见《宪法》第 62、67 条。
82. C，解析：参见《宪法》第 99 条第 3 款。
83. B，解析：《宪法》第 103 条第 3 款：“县级以上的地方各级人民代表大会常务委员会的组成人员不得担任国家行政机关、监察机关、审判机关和检察机关的职务。”

84. A，解析:《宪法》第 113 条第 2 款:“自治区、自治州、自治县的人民代表大会常务委员会中应当有实行区域自治的民族的公民担任主任或者副主任。”

85.B，解析:参见《宪法》第 62 条。

86.D，解析:参见《宪法》第 100 条第 2 款。

87.B，解析:参见《宪法》第 125、126、127 条。

88.D，解析:《宪法》第 100 条第 2 款:“设区的市的人民代表大会和它们的常务委员会，在不同宪法、法律、行政法规和本省、自治区的地方性法规相抵触的前提下，可以依照法律规定制定地方性法规，报本省、自治区人民代表大会常务委员会批准后施行。”

三、多项选择题

1. AB，解析:《宪法》第 62、67 条分别规定了全国人大、全国人大常委会的监督宪法实施的权力。
2. ABC，解析:《宪法》第 112 条:“民族自治地方的自治机关是自治区、自治州、自治县的人民代表大会和人民政府。”
3. AD，解析:参见《宪法》第 67 条。
4. ABC，解析:参见《宪法》第 65 条。
5. ACD，解析:参见《宪法》第 65 条。
6. ABC，解析:参见《宪法》第 93 条。
7. AD，解析:参见《宪法》第 131 条。
8. AD，解析:参见《宪法》第 116 条。
9. BD，解析:参见《宪法》第 64 条。
10. AC，解析:参见《宪法》第 112 条。

11. ABD，解析：参见《宪法》第 87 条第 2 款。
12. AB，解析：考查全国人大常委会和国务院职权对比，参见《宪法》第 67、89 条。
13. BCD，解析：《宪法》第 86 条第 1 款："国务院由下列人员组成：总理，副总理若干人，国务委员若干人，各部部长，各委员会主任，审计长，秘书长。"《宪法》第 88 条第 2 款："总理、副总理、国务委员、秘书长组成国务院常务会议。"《宪法》第 89 条规定国务院有权"改变或者撤销地方各级国家行政机关的不适当的决定和命令"以及"依照法律规定决定省、自治区、直辖市的范围内部分地区进入紧急状态"。
14. AC，解析：《宪法》第 75 条："全国人民代表大会代表在全国人民代表大会各种会议上的发言和表决，不受法律追究。"
15. AB，解析：《宪法》第 70 条第 2 款："各专门委员会在全国人民代表大会和全国人民代表大会常务委员会领导下，研究、审议和拟订有关议案。"
16. ABC，解析：《宪法》第 90 条第 2 款："各部、各委员会根据法律和国务院的行政法规、决定、命令，在本部门的权限内，发布命令、指示和规章。"
17. ACD，解析：参见《宪法》第 111 条第 2 款。
18. ABCD，解析：《宪法》第 91 条第 1 款："国务院设立审计机关，对国务院各部门和地方各级政府的财政收支，对国家的财政金融机构和企业事业组织的财务收支，进行审计监督。"
19. ABC，解析：《宪法》第 97 条第 1 款："省、直辖市、设区的市的人民代表大会代表由下一级的人民代表大会选举；县、不设区的市、市辖区、乡、民族乡、镇的人民代表大会代表由选民直接选举。"

20. ABC，解析：参见《宪法》第 62 条、67 条。
21. AD，解析：《宪法》第 80 条："中华人民共和国主席根据全国人民代表大会的决定和全国人民代表大会常务委员会的决定，公布法律，任免国务院总理、副总理、国务委员、各部部长、各委员会主任、审计长、秘书长，授予国家的勋章和荣誉称号，发布特赦令，宣布进入紧急状态，宣布战争状态，发布动员令。"
22. CD，解析：《宪法》第 116 条："民族自治地方的人民代表大会有权依照当地民族的政治、经济和文化的特点，制定自治条例和单行条例。"
23. ACD，解析：考查各国家机关职权。参见《宪法》第 62 条、67 条、89 条、104 条。
24. AB，解析：《宪法》第 80 条："中华人民共和国主席根据全国人民代表大会的决定和全国人民代表大会常务委员会的决定，公布法律，任免国务院总理、副总理、国务委员、各部部长、各委员会主任、审计长、秘书长，授予国家的勋章和荣誉称号，发布特赦令，宣布进入紧急状态，宣布战争状态，发布动员令。"
25. ACD，解析：《宪法》仅对全国人大常委会委员长、副委员长作出连续任职不得超过两届的要求，对全国人大常委会其他委员无此要求。
26. BCD，解析：决定战争和和平的问题属于全国人民代表大会的职权。
27. ABD，解析：《宪法》第 112 条规定"民族自治地方的自治机关是自治区、自治州、自治县的人民代表大会和人民政府。"
28. AB，解析：《宪法》第 67 条规定全国人大常委会有权"在全国人民代表大会闭会期间，根据国务院总理的提名，决定部长、委员会主任、审计长、秘书长的人选”。

29. ABD，解析：《宪法》第 73 条：“全国人民代表大会代表在全国人民代表大会开会期间，全国人民代表大会常务委员会组成人员在常务委员会开会期间，有权依照法律规定的程序提出对国务院或者国务院各部、各委员会的质询案。受质询的机关必须负责答复。”《全国人民代表大会和地方各级人民代表大会代表法》第 14 条第 1 款：“全国人民代表大会会议期间，一个代表团或者三十名以上的代表联名，有权书面提出对国务院和国务院各部、各委员会，最高人民法院，最高人民检察院的质询案。”

30. BC，解析：根据《宪法》规定，国家主席能独立行使的职权为“进行国事活动，接受外国使节”，因此除 A、D 选项外，其余都需要先由全国人大或全国人大常委会作出决定。

31. ABCD，解析：考查民族自治地方自治权，参见《宪法》第 117 条、118 条、119 条。

32. ABC，解析：中央军事委员会实行主席负责制。

33. AC，解析：参见《宪法》第 62 条。

34. ABCD，解析：考查各国家机关职权。参见《宪法》第 62 条、67 条、89 条、104 条。

35. AB，解析：《宪法》第 75 条规定：“全国人民代表大会代表在全国人民代表大会各种会议上的发言和表决，不受法律追究。”《宪法》第 74 条规定：“全国人民代表大会代表，非经全国人民代表大会会议主席团许可，在全国人民代表大会闭会期间非经全国人民代表大会常务委员会许可，不受逮捕或者刑事审判。”

36. BD，解析:《宪法》第 86 条:“国务院由下列人员组成: 总理，副总理若干人，国务院委员若干人，各部部长，各委员会主任，审计长，秘书长。”

37. ABC，解析:《宪法》第 91 条规定:“国务院设立审计机关，对国务院各部门和地方各级政府的财政收支，对国家的财政金融机构和企业事业组织的财务收支，进行审计监督。审计机关在国务院总理领导下，依照法律规定独立行使审计监督权，不受其他行政机关、社会团体和个人的干涉。”《宪法》第 109 条规定:“县级以上的地方各级人民政府设立审计机关。地方各级审计机关依照法律规定独立行使审计监督权，对本级人民政府和上一级审计机关负责。”

38. BC，解析:《宪法》并没有规定国家主席对全国人大及其常委会负责。根据现行《宪法》的规定和实践，国家主席是中华人民共和国国家机构的重要组成部分，从属于最高国家权力机关，即全国人大。A 选项错误。《宪法》第 94 条规定:“中央军事委员会主席对全国人民代表大会和全国人民代表大会常务委员会负责。”由此可知中央军事委员会主席对全国人大及其常委会负责，而不是中央军事委员会，且无需报告工作。D 错误。

39. ABCD，解析:《宪法》第 90 条第 2 款:“各部、各委员会根据法律和国务院的行政法规、决定、命令，在本部门的权限内，发布命令、指示和规章。”ABCD 均属部委的范畴。

40. ABCD，解析: 参见《宪法》第 104 条。

41. ABD，解析:《宪法》第 68 条第 2 款:“委员长、副委员长、秘书长组成委员长会议，处理全国人民代表大会常务委员会的重要日常工作。”

42. ABC，解析:《宪法》第 79 条第 2 款:“有选举权和被选举权的年满四十五周岁的中华人民共和国公民可以被选为中华人民共和国主席、副主席。”

43. CD，解析: 国务院实行总理负责制，中央军委实行主席负责制。

44. ACD，解析: 按效力等级排列为: 基本法、法律、行政法规、规章或地方性法规。

45. BC，解析: 参见《宪法》第 67 条。

46. ABCD，解析: 略。

47. ABCD，解析: 略。

48. AB，解析: 略。

49. ABCD，解析: 略。

50. ABC，解析: 略。

51. ABC，解析:《宪法》第 124 条第 2 款:“监察委员会由下列人员组成: 主任，副主任若干人，委员若干人。”

52.AC，解析: 参见《宪法》第 124、125 条。

四、填空题

1. 全国人民代表大会
2. 常务委员会
3. 自治区; 特别行政区; 军队; 少数民族
4. 全国人民代表大会常务委员会
5. 法律
6. 五
7. 两个月; 三分之二; 一年
8. 全国人民代表大会常务委员会; 主席团
9. 五分之一

10. 主席；国务院总理；国务院副总理
11. 全国人民代表大会常务委员会；五分之一；三分之二
12. 过半数
13. 委员长；秘书长
14. 少数民族
15. 国家行政；监察；审判；检察
16. 委员长
17. 日常工作
18. 负责；报告
19. 审议；议案
20. 调查委员会
21. 国务院；国务院各部；质询案
22. 主席团；全国人民代表大会常务委员会
23. 发言；表决
24. 全国人民代表大会
25. 四十五
26. 全国人民代表大会；全国人民代表大会常务委员会
27. 主席
28. 主席；副主席
29. 继任主席
30. 暂时代理
31. 中央人民政府；执行；行政
32. 总理；国务委员；秘书长
33. 总理；部长；主任
34. 五年；副总理；国务委员
35. 副总理；国务委员；秘书长

36. 常务；全体
37. 自治区；直辖市；自治州；自治县
38. 省；直辖市
39. 部长；主任
40. 总理；审计监督
41. 全国人民代表大会；全国人民代表大会；全国人民代表大会常务委员会
42. 中央军事委员会；主席；副主席；委员
43. 主席
44. 主席；全国人民代表大会；全国人民代表大会常务委员会
45. 乡；镇
46. 自治区；自治县
47. 各级；县级
48. 下一级；选民直接
49. 法律
50. 地方各级；五年
51. 宪法；法律；行政法规；全国人民代表大会常务委员会
52. 省；直辖市；县；市辖区
53. 主任；委员；本级
54. 国家行政；监察机关；检察机关
55. 人民政府
56. 本级；相同
57. 乡；镇
58. 县级；人民政府；人民政府；审计机关
59. 国务院；国务院
60. 居民委员会；村民委员会

61. 人民调解；公共卫生
62. 自治区；人民政府
63. 主任；副主任
64. 区域自治；公民
65. 全国人民代表大会常务委员会；省；自治区；全国人民代表大会常务委员会
66. 国务院
67. 财政；技术；经济；文化
68. 干部；人才；工人
69. 监察
70. 国家；地方各级
71. 主任；副主任；委员
72. 本级人民代表大会；两届
73. 法律
74. 中华人民共和国国家监察委员会
75. 领导；领导
76. 全国人民代表大会；全国人民代表大会常务委员会；国家权力机关；上一级监察委员会
77. 行政机关；社会团体；个人
78. 审判机关；检察机关；执法部门
79. 审判
80. 最高；地方各级；军事
81. 全国人民代表大会；两届
82. 公开；辩护
83. 行政机关；社会团体；个人
84. 监督；监督

85. 全国人民代表大会；国家权力机关
86. 法律监督
87. 地方各级；军事
88. 两届
89. 行政机关；个人
90. 领导；领导
91. 全国人民代表大会常务委员会；上级
92. 翻译；通用
93. 分工负责；配合；制约

第四章　国旗、国歌、国徽、首都

一、判断题

1. 中华人民共和国国旗是五星红旗。(　　)

2. 中华人民共和国国歌是《义勇军进行曲》。(　　)

3. 中华人民共和国国歌的词作者是聂耳。(　　)

4. 中华人民共和国国歌的曲作者是郑律成。(　　)

5. 中华人民共和国国徽的中间是天安门，周围是麦穗。(　　)

6. 中华人民共和国的首都是北京。(　　)

7. 北京是中华人民共和国的政治、文化、经济中心。(　　)

二、单项选择题

1. 中华人民共和国国歌是（　　）。

   A.《义勇军进行曲》　　B.《东方红》

   C.《红旗颂》　　D.《祖国颂》

2. 中华人民共和国国歌的词作者和曲作者分别是（　　）和（　　）。

   A. 光未然；冼星海　　B. 冼星海；郑律成

   C. 田汉；聂耳　　D. 聂耳；田汉

3.《义勇军进行曲》是下列哪部电影的主题曲？（　　）

A.《甲午风云》　B.《风云儿女》

C.《南征北战》　D.《上甘岭》

4. 中华人民共和国国徽的中间是（　　）图案。

A. 人民大会堂　B. 故宫

C. 天坛　D. 天安门

5.《义勇军进行曲》作为国歌在哪一年被正式写入《宪法》？（　　）

A. 1949 年　B. 1993 年

C. 1999 年　D. 2004 年

三、多项选择题

1. 中华人民共和国国徽由下列哪些元素组成？（　　）

A. 五星　B. 天安门

C. 谷穗　D. 齿轮

2. 中华人民共和国国歌在下列那些场合可以奏唱？（　　）

A. 世界杯决赛出现中国队

B. 中国运动员获得奥运会金牌

C. 小学举行升旗仪式

D. 某公司剪彩活动

3. 下列哪些场合不得奏唱国歌？（　　）

A. 个人婚礼　B. 大学联谊会

C. 商业活动　D. 私人悼念活动

四、填空题

1. 中华人民共和国国旗是__________。

2. 中华人民共和国国歌是《____________》。

3. 中华人民共和国国徽，中间是______照耀下的__________，周围是______和__________。
4. 中华人民共和国首都是__________。

参考答案

一、判断题

1. √，解析：《宪法》第 141 条第 1 款规定，中华人民共和国国旗是五星红旗。
2. √，解析：《宪法》第 141 条第 2 款规定，中华人民共和国国歌是《义勇军进行曲》。
3. ×，解析：聂耳是《义勇军进行曲》的曲作者。《义勇军进行曲》的词作者田汉（1898–1968）是中国现代著名的剧作家、词作家，他创作的歌词《万里长城》的第一段后来成为中华人民共和国国歌《义勇军进行曲》的歌词。
4. ×，解析：《义勇军进行曲》的曲作者聂耳（1912–1935）是中国无产阶级革命音乐的先驱。聂耳于 1935 年初创作了著名的《义勇军进行曲》。1935 年 7 月 17 日，年仅 23 岁的聂耳在日本藤泽市游泳时，不幸溺水身亡。聂耳的去世，是中国现代音乐事业的巨大损失。
5. ×，解析：表述不正确。《宪法》第 142 条规定，中华人民共和国国徽，中间是五星照耀下的天安门，周围是谷穗和齿轮。
6. √，解析：参见《宪法》第 143 条。
7. ×，解析：《国务院关于北京城市总体规划的批复》中提到北京是中国的政治、文化中心，中国经济的决策和管理中心。中国的经济、金融中心是上海。

二、单项选择题

1. A，解析：《宪法》第 141 条第 2 款规定，中华人民共和国的国歌是《义勇军进行曲》。

2. C，解析：中华人民共和国国歌《义勇军进行曲》的词作者是田汉，曲作者是聂耳。光未然和冼星海分别是《保卫黄河》的词作者和曲作者。郑律成是中国人民解放军军歌的曲作者。

3. B，解析：《义勇军进行曲》原本是聂耳于 1935 年为上海电通公司拍摄的故事影片《风云儿女》所作的主题歌。

4. D，解析：详见《宪法》第 142 条的规定。

5. D，解析：2004 年 3 月 14 日第十届全国人民代表大会第二次会议正式将《义勇军进行曲》作为国歌写入《宪法》。《中华人民共和国宪法修正案（2004）》（2004 年 3 月 14 日第十届全国人民代表大会第二次会议通过）第 31 条规定，宪法第四章章名“国旗、国徽、首都”修改为“国旗、国歌、国徽、首都”。宪法第 136 条增加一款，作为第二款：“中华人民共和国国歌是《义勇军进行曲》。”

三、多项选择题

1. ABCD，解析：《宪法》第 142 条规定，中华人民共和国国徽，中间是五星照耀下的天安门，周围是谷穗和齿轮。

2. ABC，解析：《国歌法》第 4 条规定：“在下列场合，应当奏唱国歌：（一）全国人民代表大会会议和地方各级人民代表大会会议的开幕、闭幕；中国人民政治协商会议全国委员会会议和地方各级委员会会议的开幕、闭幕；（二）各政党、各人民团体的各级代表大会等；（三）宪法宣誓仪式；（四）升国旗仪式；（五）各级机关举行或者组织的重大庆典、表彰、纪念仪式等；（六）国家公祭仪式；（七）重大外交活动；（八）重大体育赛事；

（九）其他应当奏唱国歌的场合。”

3. ABCD，解析：《国歌法》第 8 条规定：“国歌不得用于或者变相用于商标、商业广告，不得在私人丧事活动等不适宜的场合使用，不得作为公共场所的背景音乐等。”因此，本题的答案为 ABCD。

四、填空题

1. 五星红旗

2. 义勇军进行曲

3. 五星；天安门；谷穗；齿轮

4. 北京

宪法相关法

一、判断题

1. 中华人民共和国是统一的多民族的国家，各民族的人都具有中国国籍。(　　)
2. 在我国，公民除中国国籍外至多还能具有另一个外国国籍。(　　)
3. 父母双方或一方为中国公民，本人出生在外国，具有中国国籍。(　　)
4. 只要是中国人的亲属，即可申请加入中国国籍。(　　)
5. 任何中国公民都可申请退出中国国籍。(　　)
6. 曾有过中国国籍的外国人，具有正当理由，可以申请恢复中国国籍。(　　)
7. 加入、退出和恢复中国国籍的申请，由中华人民共和国民政部审批。(　　)
8. 不得升降破损、污损、褪色或不合规格的国旗。(　　)
9. 国旗及其图案可以用作商标和广告，但不得用于私人丧事(　　)。
10. 发生特别重大伤亡的不幸事件或者严重自然灾害造成重大伤亡之时，可以下半旗志哀。(　　)

11. 全日制学校，全年都要升挂国旗。(　　)
12. 中华人民共和国国旗是中华人民共和国的象征和标志。(　　)
13. 国徽应当悬挂在机关正门中部。(　　)
14. 我国公民有权在家中布置国徽。(　　)
15. 一切组织和公民，都应当尊重和爱护国徽。(　　)
16. 中华人民共和国领海基线向陆地一侧的水域为中华人民共和国的内水。(　　)
17. 中华人民共和国对专属经济区和大陆架行使主权权利和管辖权。(　　)
18. 中华人民共和国与海岸相邻或者相向国家关于专属经济区和大陆架的主张重叠的，一律合作开发。(　　)
19. 任何国际组织、外国的组织或者个人不得在中华人民共和国的专属经济区和大陆架进行海洋科学研究。(　　)
20. 村民委员会主任、副主任和委员，由村民直接选举产生。(　　)

二、单项选择题

1. 中华人民共和国境内受理国籍申请的机关是(　　)。

A. 当地市、县民政局　　B. 国务院民政部

C. 当地市、县公安局　　D. 国务院公安部

2.《国旗法》规定，地方各级(　　)对本行政区域内国旗的升挂和使用，实施监督管理。

A. 党委　　B. 人大

C. 人民政府　　D. 政协

3. 依照《国旗法》，有权制作国旗的主体是(　　)。

A. 省、自治区、直辖市人民政府指定的企业

B. 事业单位

C. 社会团体

D. 个人

4. 下列场所中无需悬挂国徽的是（　　）。

A. 北京市高级人民法院　　B. 北京市人大会议厅

C. 出境入境口岸　　D. 政协会议厅

5. 领海的宽度从领海基线量起为（　　）海里。

A.12　　B.24

C.120　　D.240

6. 毗连区为领海以外邻接领海的一带海域。毗连区的宽度为（　　）海里。

A.12　　B.24

C.120　　D.240

7. 下列说法错误的是（　　）。

A. 外国非军用船舶，享有依法无害通过中华人民共和国领海的权利

B. 外国军用船舶进入中华人民共和国领海，须经中华人民共和国政府批准

C. 外国潜水艇和其他潜水器通过中华人民共和国领海，不得露出水面

D. 中华人民共和国政府有权采取一切必要措施，以防止和制止对领海的非无害通过

8. 紧追权的行使主体不包括（　　）。

A. 军用船舶

B. 军用航空器

C. 政府授权的执行政府公务的船舶、航空器

D. 商用船舶、航空器

9. 专属经济区从测算领海宽度的基线量起延至（　　）海里。

A. 176　　B. 200

C. 188　　D. 224

10. 关于基层政权和居民委员会的关系错误的是（　　）。

A. 指导　　B. 支持

C. 帮助　　D. 领导

11. 下列选项不属于居民委员会的任务的是（　　）。

A. 办理本居住地区居民的公共事务和公益事业

B. 调解民间纠纷

C. 协助维护社会治安

D. 分担基层法院诉讼案件

12. 居民委员会的组成人员不包括（　　）。

A. 主任　　B. 副主任

C. 委员　　D. 会计

13. 居民委员会决定问题，采取的原则是（　　）。

A. 少数服从多数　　B. 全体一致

C. 主任负责制　　D. 集体领导制

14. 村民享有选举权和被选举权的条件不包括（　　）。

A. 年满十八周岁　　B. 具有初中以上学历

C. 未被剥夺政治权利　　D. 应当是登记参加选举的村民

15. 下列行政机关工作人员的行为不属于行政赔偿范围的是（　　）。

A. 违法采取限制公民人身自由的行政强制措施的

B. 违法对财产采取查封、扣押、冻结等行政强制措施的

C. 行使与职权无关的个人行为

D. 违法征收、征用财产的

16. 下列关于行政赔偿义务机关表述错误的是（　　）。

A. 行政机关工作人员行使行政职权侵犯公民、法人和其他组织的合法权益造成损害的，该行政机关为赔偿义务机关。

B. 行政机关工作人员行使行政职权侵犯公民、法人和其他组织的合法权益造成损害的，该行政机关的上一级机关为赔偿义务机关。

C. 两个以上行政机关共同行使行政职权时侵犯公民、法人和其他组织的合法权益造成损害的，共同行使行政职权的行政机关为共同赔偿义务机关。

D. 受行政机关委托的组织或者个人在行使受委托的行政权力时侵犯公民、法人和其他组织的合法权益造成损害的，委托的行政机关为赔偿义务机关。

17. 根据《国家赔偿法》的规定，侵犯公民人身自由，每日赔偿金的计算标准为（　　）。

A. 国家上年度职工日平均工资

B. 国家本年度职工日平均工资

C. 地方本年度职工日平均工资

D. 本人上年度日平均工资

18. 赔偿请求人请求国家赔偿的时效为（　　）。

A. 1 年　　B. 2 年

C. 3 年　　D. 4 年

19. 根据《反分裂国家法》，下列表述错误的是（　　）。

A. 维护国家主权和领土完整是包括台湾同胞在内的全中国人民的共同义务

B. 台湾问题是中国内战的遗留问题

C. 国家和平统一后，台湾可以实行不同于大陆的制度

D. 国家承诺在台湾问题上永不使用武力

20. 国防动员的准备、实施工作的领导机关是（　　）。

A. 国务院　　B. 中央军事委员会

C. 国务院和军事委员会　　D. 全国人大常委会

三、多项选择题

1. 下列情形一定具有中国国籍的有（　　）。

A. 父母双方或一方为中国公民，本人出生在中国

B. 父母双方或一方为中国公民，本人出生在外国

C. 父母双方或一方为中国公民并定居在外国

D. 父母无国籍或国籍不明，定居在中国，本人出生在中国

2. 下列情形可以申请中国国籍的有（　　）。

A. 中国人的近亲属　　B. 定居在中国的

C. 会说中文的　　D. 在中国留学的

3. 下列人员中可以退出中国国籍的有（　　）。

A. 同美国公民结婚的中国公民安某

B. 定居在厄瓜多尔的中国公民刘某

C. 已通过英语托福考试的法官陆某

D. 退役后定居在伊拉克的军人周某

4. 下列哪些场所应当在工作日升挂国旗？（　　）

A. 某市人民政府

B. 某区民防局

C. 某市人民检察院

D. 某县人民法院

5. 举行升旗仪式时应当（　　）。

A. 接打电话　　B. 立正站好

C. 东张西望　　D. 肃立敬礼

6. 下列（　　）逝世时，应降半旗志哀。

A. 国家主席　　B. 国务院总理

C. 各省省长　　D. 著名企业家

7.（　　），各级国家机关和各人民团体应当升挂国旗。

A. 国庆节　　B. 国际劳动节

C. 元旦　　D. 春节

8. 下列机构、场所中应当悬挂国徽的有（　　）。

A. 县政府　　B. 乡政府

C. 出入境机场　　D. 国家驻外使、领馆

9. 国徽及其图案不得用于（　　）。

A. 商标、广告

B. 日常生活的陈设布置

C. 私人庆吊活动

D. 国务院办公厅规定不得使用国徽及其图案的其他场合

10. 下列属于中华人民共和国领土的岛屿有（　　）。

A. 大陆及其沿海岛屿　　B. 台湾岛

C. 钓鱼岛　　D. 南沙群岛

11. 下列有关领海上空主权的表述正确的有（　　）。

A. 外国航空器只有根据该国政府与中国政府签订的协定、协议才能进入中国领海上空

B. 外国航空器降低飞行高度后即可进入中国领海上空

C. 外国航空器经中国政府授权的机关批准或者接受，可进入中华人民共和国领海上空

D. 外国航空器经中国政府批准或者接受，方可进入中国领海上空

12. 我国对专属经济区行使管辖权的范围包括（　　）。

A. 人工岛屿、设施和结构的建造、使用

B. 海洋科学研究

C. 海洋环境的保护和保全

D. 建造军事设施

13. 我国对大陆架行使管辖权的范围包括（　　）。

A. 人工岛屿、设施和结构的建造、使用

B. 海洋科学研究

C. 海洋环境的保护和保全

D. 建造军事设施

14. 大陆架的自然资源包括（　　）。

A. 海床的矿物

B. 底土的非生物资源

C. 定居种的生物

D. 在可捕捞阶段在海床上不能移动的生物

15. 下列属于村委会职能的有（　　）。

A. 宣传宪法、法律、法规和国家的政策

B. 发展文化教育，普及科技知识

C. 促进男女平等，做好计划生育工作

D. 开展多种形式的社会主义精神文明建设活动

16. 下列关于行政赔偿申请人正确的有（　　）。

A. 公益组织、行业协会等社会团体可以代为要求赔偿

B. 受害的公民、法人和其他组织有权要求赔偿

C. 受害的公民死亡，其继承人和其他有扶养关系的亲属有权

要求赔偿

D. 受害的法人终止的，其权利承受人有权要求赔偿

17. 关于公民健康权的国家赔偿的范围包括（　　）。

A. 造成身体伤害的，应当支付医疗费、护理费，以及赔偿因误工减少的收入

B. 造成身体伤害的，应当赔偿精神损失费

C. 造成部分或者全部丧失劳动能力的，应当支付医疗费、护理费、残疾生活辅助具费、康复费等因残疾而增加的必要支出和继续治疗所必需的费用，以及残疾赔偿金

D. 造成死亡的，应当支付死亡赔偿金、丧葬费，对死者生前扶养的无劳动能力的人，还应当支付生活费

18. 中华人民共和国武装力量的任务包括（　　）。

A. 巩固国防，抵抗侵略

B. 保卫祖国，保卫人民的和平劳动

C. 参加国家建设事业

D. 全心全意为人民服务

19. 国家发展国防科技工业的方针是（　　）。

A. 军民结合　　B. 平战结合

C. 军品优先　　D. 以民养军

四、填空题

1. ＿＿＿＿＿和＿＿＿＿＿，不得退出中国国籍。

2. 退出中华人民共和国国籍的申请经批准的，由＿＿＿＿＿发给证书。

3. 在规定的场合奏唱国歌，应当使用＿＿＿＿＿或者＿＿＿＿＿版本。

4. 在公共场合，故意篡改国歌歌词、曲谱，以歪曲、贬损方式奏唱国歌，或者以其他方式侮辱国歌的，由公安机关处以______或者______日以下拘留；构成犯罪的，依法追究刑事责任。
5. 在特定场所需要悬挂非通用尺度国徽的，报______批准。
6. ______对国徽的使用，实施监督管理。
7. 中华人民共和国领海为邻接中华人民共和国______和______的一带海域。
8. 中华人民共和国领海基线采用______划定，领海的宽度从领海基线量起为______海里。
9. 中华人民共和国对领海的主权及于领海上空、______及______。
10. 中华人民共和国有权在毗连区内，为防止和惩处在其陆地领土、内水或者领海内违反有关______、______、______、______或者入境出境管理的法律、法规的行为行使管制权。
11. 专属经济区的自然资源，包括______和______。
12. 中华人民共和国为______和______，对大陆架行使主权权利。
13. 村民委员会向______、______负责并报告工作。
14. 村民委员会的设立、撤销、范围调整，由乡、民族乡、镇的人民政府提出，经______同意，报______批准。
15. 国家赔偿按照侵害赔偿请求人的国家权力的种类不同分为______、______和______。
16. 国家赔偿以______为主要方式。能够返还财产或者恢复原状的，予以______或者______。
17. ______，是实现祖国和平统一的基础。

18. 国家加强武装力量的革命化、__________、__________建设，增强国防力量。
19. 中华人民共和国的武装力量，由人民解放军现役部队和预备役部队、__________________、________组成。
20. 中国人民武装警察部队在__________、__________的领导指挥下，担负国家赋予的安全保卫任务，维护社会秩序。

参考答案

一、判断题

1. √，解析：《国籍法》第 2 条规定：“中华人民共和国是统一的多民族的国家，各民族的人都具有中国国籍。”
2. ×，解析：《国籍法》第 3 条规定：“中华人民共和国不承认中国公民具有双重国籍。”
3. √，解析：《国籍法》第 5 条规定：“父母双方或一方为中国公民，本人出生在外国，具有中国国籍；但父母双方或一方为中国公民并定居在外国，本人出生时即具有外国国籍的，不具有中国国籍。”
4. ×，解析：《国籍法》第 7 条规定：“外国人或无国籍人，愿意遵守中国宪法和法律，并具有下列条件之一的，可以经申请批准加入中国国籍：一、中国人的近亲属；二、定居在中国的；三、有其他正当理由。”
5. ×，解析：《国籍法》第 12 条规定：“国家工作人员和现役军人，不得退出中国国籍。”
6. √，解析：《国籍法》第 13 条规定：“曾有过中国国籍的外国人，具有正当理由，可以申请恢复中国国籍；被批准恢复中国国籍的，不得再保留外国国籍。”

7. ×，解析：《国籍法》第16条规定：“加入、退出和恢复中国国籍的申请，由中华人民共和国公安部审批。经批准的，由公安部发给证书。”

8. √，解析：《国旗法》第17条规定：“不得升挂破损、污损、褪色或者不合规格的国旗。”

9. ×，解析：《国旗法》第18条规定：“国旗及其图案不得用作商标和广告，不得用于私人丧事活动。”

10. √，解析：《国旗法》第14条第2款规定：“发生特别重大伤亡的不幸事件或者严重自然灾害造成重大伤亡时，可以下半旗志哀。”

11. ×，解析：《国旗法》第6条第2款规定：“全日制学校，除寒假、暑假和星期日外，应当每日升挂国旗。”

12. √，解析：《国旗法》第3条规定：“中华人民共和国国旗是中华人民共和国的象征和标志。”

13. ×，解析：《国徽法》第4条第3款规定：“国徽应当悬挂在机关正门上方正中处。”

14. ×，解析：《国徽法》第10条规定：“国徽及其图案不得用于：（一）商标、广告；（二）日常生活的陈设布置；（三）私人庆吊活动；（四）国务院办公厅规定不得使用国徽及其图案的其他场合。”

15. √，解析：略。

16. √，解析：领海基线是内水和领海的分界线。

17. √，解析：《中华人民共和国专属经济区和大陆架法》第1条规定：“为保障中华人民共和国对专属经济区和大陆架行使主权权利和管辖权，维护国家海洋权益，制定本法。”

18. ×，解析:《中华人民共和国专属经济区和大陆架法》第 2 条第 3 款规定:“中华人民共和国与海岸相邻或者相向国家关于专属经济区和大陆架的主张重叠的，在国际法的基础上按照公平原则以协议划定界限。”
19. ×，解析:《中华人民共和国专属经济区和大陆架法》第 9 条规定:“任何国际组织、外国的组织或者个人在中华人民共和国的专属经济区和大陆架进行海洋科学研究，必须经中华人民共和国主管机关批准，并遵守中华人民共和国的法律、法规。”
20. √，解析:《村民委员会组织法》第 11 条规定:“村民委员会主任、副主任和委员，由村民直接选举产生。任何组织或者个人不得指定、委派或者撤换村民委员会成员。”

二、单项选择题

1. C，解析:《国籍法》第 15 条规定:“受理国籍申请的机关，在国内为当地市、县公安局，在国外为中国外交代表机关和领事机关。”
2. C，解析:《国旗法》第 4 条第 1 款规定:“地方各级人民政府对本行政区域内国旗的升挂和使用，实施监督管理。”
3. A，解析:《国旗法》第 4 条第 3 款规定:“国旗由省、自治区、直辖市的人民政府指定的企业制作。”
4. D，解析:《国徽法》第 5 条规定:“下列场所应当悬挂国徽:（一）北京天安门城楼，人民大会堂;（二）县级以上各级人民代表大会及其常务委员会会议厅;（三）各级人民法院和专门人民法院的审判庭;（四）出境入境口岸的适当场所。”
5. A，解析:《中华人民共和国领海及毗连区法》第 3 条第 1 款规定:“中华人民共和国领海的宽度从领海基线量起为十二海里。”
6. A，解析:《中华人民共和国领海及毗连区法》第 4 条第 1 款规定："中华人民共和国毗连区为领海以外邻接领海的一带海域。毗连区的宽度为十二海里。"

7. C，解析：《中华人民共和国领海及毗连区法》第7条规定："外国潜水艇和其他潜水器通过中华人民共和国领海，必须在海面航行，并展示其旗帜。"

8. D，解析：《中华人民共和国领海及毗连区法》第14条第5款规定："本条规定的紧追权由中华人民共和国军用船舶、军用航空器或者中华人民共和国政府授权的执行政府公务的船舶、航空器行使。"

9. B，解析：《中华人民共和国专属经济区和大陆架法》第2条第1款规定："中华人民共和国的专属经济区，为中华人民共和国领海以外并邻接领海的区域，从测算领海宽度的基线量起延至二百海里。"

10. D，解析：《中华人民共和国城市居民委员会组织法》第2条规定："不设区的市、市辖区的人民政府或者它的派出机关对居民委员会的工作给予指导、支持和帮助。"

11. D，解析：参见《中华人民共和国城市居民委员会组织法》第3条。

12. D，解析：《中华人民共和国城市居民委员会组织法》第7条规定："居民委员会由主任、副主任和委员共五至九人组成。"

13. A，解析：《中华人民共和国城市居民委员会组织法》第11条第1款规定："居民委员会决定问题，采取少数服从多数的原则。"

14. B，解析：村民享有选举权和被选举权应当具备三个条件：（1）必须年满十八周岁。对于村民年龄的确定，以本村村民委员会的选举日为准；村民出生日期的确定，以身份证为准；新满十八周岁未办理身份证的，以户口簿为准。(2)应当是登记参加选举的村民。通常认为，居住生活在本村，户口在本村的村民，属于本村村民。有的村民长期在外工作、生活，但户籍还在原居住地的村；有的人户籍不在本村，但在本村居住，等等，这些人是否属于本村村民，能否参加当地村民委员会的选举，《村民委员会组织法》第13条第2款予以具体规定。(3)未被剥夺政治权利。被剥夺政治权利的人通常包括危害国家安全及其他严重破坏社会秩序的犯罪分子，这些人对国家、社会和人民构成了极大危害，当然不能享有公民政治权利而拥有选举权和被选举权。确认是否被剥夺政治权利，以司法机关的法律判决文书为准。村民具备上述三个条件就享有选举权和被选举权，不因村民天生差别和后天经济、教育等条件的差异而受到影响。

15. C，解析:《国家赔偿法》第5条规定:“属于下列情形之一的，国家不承担赔偿责任:(一)行政机关工作人员与行使职权无关的个人行为;(二)因公民、法人和其他组织自己的行为致使损害发生的;(三)法律规定的其他情形。”

16. B，解析:《国家赔偿法》第7条规定:“行政机关及其工作人员行使行政职权侵犯公民、法人和其他组织的合法权益造成损害的，该行政机关为赔偿义务机关。两个以上行政机关共同行使行政职权时侵犯公民、法人和其他组织的合法权益造成损害的，共同行使行政职权的行政机关为共同赔偿义务机关。法律、法规授权的组织在行使授予的行政权力时侵犯公民、法人和其他组织的合法权益造成损害的，被授权的组织为赔偿义务机关。受行政机关委托的组织或者个人在行使受委托的行政权力时侵犯公民、法人和其他组织的合法权益造成损害的，委托的行政机关为赔偿义务机关。赔偿义务机关被撤销的，继续行使其职权的行政机关为赔偿义务机关；没有继续行使其职权的行政机关的，撤销该赔偿义务机关的行政机关为赔偿义务机关。”

17. A，解析：《国家赔偿法》第 33 条规定：“侵犯公民人身自由的，每日赔偿金按照国家上年度职工日平均工资计算。”

18. B，解析：《国家赔偿法》第 39 条规定：“赔偿请求人请求国家赔偿的时效为两年，自其知道或者应当知道国家机关及其工作人员行使职权时的行为侵犯其人身权、财产权之日起计算，但被羁押等限制人身自由期间不计算在内。在申请行政复议或者提起行政诉讼时一并提出赔偿请求的，适用行政复议法、行政诉讼法有关时效的规定。”

19. D，解析：《反分裂国家法》第 8 条规定，“台独”分裂势力以任何名义、任何方式造成台湾从中国分裂出去的事实，或者发生将会导致台湾从中国分裂出去的重大事变，或者和平统一的可能性完全丧失，国家得采取非和平方式及其他必要措施，捍卫国家主权和领土完整。

20. C，解析：《国防法》第 47 条规定：“国务院和中央军事委员会共同领导动员准备和动员实施工作。一切国家机关和武装力量、各政党和各社会团体、各企业事业单位和公民，在和平时期必须依照法律规定完成动员准备工作；在国家发布动员令后，必须完成规定的动员任务。”

三、多项选择题

1. AD，解析：《国籍法》第 4 条规定：“父母双方或一方为中国公民，本人出生在中国，具有中国国籍。”第 5 条规定：“父母双方或一方为中国公民，本人出生在外国，具有中国国籍；但父母双方或一方为中国公民并定居在外国，本人出生时即具有外国国籍的，不具有中国国籍。”第6条规定：“父母无国籍或国籍不明，定居在中国，本人出生在中国，具有中国国籍。”

2. AB，解析：《国籍法》第7条规定：“外国人或无国籍人，愿意遵守中国宪法和法律，并具有下列条件之一的，可以经申请批准加入中国国籍：一、中国人的近亲属；二、定居在中国的；三、有其他正当理由。”
3. ABD，解析：《国籍法》第10条规定：“中国公民具有下列条件之一的，可以经申请批准退出中国国籍：一、外国人的近亲属；二、定居在外国的；三、有其他正当理由。”第12条规定：“国家工作人员和现役军人，不得退出中国国籍。”
4. ACD，解析：参见《国旗法》第5条、第6条。
5. BD，解析：《国旗法》第13条规定：“升挂国旗时，可以举行升旗仪式。举行升旗仪式时，在国旗升起的过程中，参加者应当面向国旗肃立致敬，并可以奏国歌或者唱国歌。”
6. AB，解析：《国旗法》第14条规定：“下列人士逝世，下半旗志哀：（一）中华人民共和国主席、全国人民代表大会常务委员会委员长、国务院总理、中央军事委员会主席；（二）中国人民政治协商会议全国委员会主席；（三）对中华人民共和国作出杰出贡献的人；（四）对世界和平或者人类进步事业作出杰出贡献的人。”
7. ABCD，解析：略。
8. ACD，解析：《国徽法》第4条第2款规定：“乡、民族乡、镇的人民政府可以悬挂国徽，具体办法由省、自治区、直辖市的人民政府根据实际情况规定。”

9. ABCD，解析：《国徽法》第10条规定：“国徽及其图案不得用于：（一）商标、广告；（二）日常生活的陈设布置；（三）私人庆吊活动；（四）国务院办公厅规定不得使用国徽及其图案的其他场合。”

10. ABCD，解析：《中华人民共和国领海及毗连区法》第2条规定：“中华人民共和国的陆地领土包括中华人民共和国大陆及其沿海岛屿、台湾及其包括钓鱼岛在内的附属各岛、澎湖列岛、东沙群岛、西沙群岛、中沙群岛、南沙群岛以及其他一切属于中华人民共和国的岛屿。”

11. ACD，解析：《中华人民共和国领海及毗连区法》第12条规定：“外国航空器只有根据该国政府与中华人民共和国政府签订的协定、协议，或者经中华人民共和国政府或者其授权的机关批准或者接受，方可进入中华人民共和国领海上空。”

12. ABC，解析：《中华人民共和国专属经济区和大陆架法》第3条第2款规定：“中华人民共和国对专属经济区的人工岛屿、设施和结构的建造、使用和海洋科学研究、海洋环境的保护和保全，行使管辖权。”

13. ABC，解析：《中华人民共和国专属经济区和大陆架法》第4条第2款规定：“中华人民共和国对大陆架的人工岛屿、设施和结构的建造、使用和海洋科学研究、海洋环境的保护和保全，行使管辖权。”

14. ABCD，解析：《中华人民共和国专属经济区和大陆架法》第4条第4款规定：“本法所称大陆架的自然资源，包括海床和底土的矿物和其他非生物资源，以及属于定居种的生物，即在可捕捞阶段在海床上或者海床下不能移动或者其躯体须与海床或者底土保持接触才能移动的生物。”

15. ABCD，解析：《村民委员会组织法》第 9 条第 1 款规定：“村民委员会应当宣传宪法、法律、法规和国家的政策，教育和推动村民履行法律规定的义务、爱护公共财产，维护村民的合法权益，发展文化教育，普及科技知识，促进男女平等，做好计划生育工作，促进村与村之间的团结、互助，开展多种形式的社会主义精神文明建设活动。”

16. BCD，解析：《国家赔偿法》第 6 条规定：“受害的公民、法人和其他组织有权要求赔偿。受害的公民死亡，其继承人和其他有扶养关系的亲属有权要求赔偿。受害的法人或者其他组织终止的，其权利承受人有权要求赔偿。”

17. ACD，解析：《国家赔偿法》第 34 条第 1 款规定：“侵犯公民生命健康权的，赔偿金按照下列规定计算：（一）造成身体伤害的，应当支付医疗费、护理费，以及赔偿因误工减少的收入。减少的收入每日的赔偿金按照国家上年度职工日平均工资计算，最高额为国家上年度职工年平均工资的五倍；（二）造成部分或者全部丧失劳动能力的，应当支付医疗费、护理费、残疾生活辅助具费、康复费等因残疾而增加的必要支出和继续治疗所必需的费用，以及残疾赔偿金。残疾赔偿金根据丧失劳动能力的程度，按照国家规定的伤残等级确定，最高不超过国家上年度职工年平均工资的二十倍。造成全部丧失劳动能力的，对其扶养的无劳动能力的人，还应当支付生活费；（三）造成死亡的，应当支付死亡赔偿金、丧葬费，总额为国家上年度职工年平均工资的二十倍。对死者生前扶养的无劳动能力的人，还应当支付生活费。”

18. ABCD，解析：《国防法》第 17 条规定：“中华人民共和国的武装力量属于人民。它的任务是巩固国防，抵抗侵略，保卫祖国，保卫人民的和平劳动，参加国家建设事业，全心全意为人民服务。”
19. ABCD，解析：《国防法》第 30 条规定：“国防科技工业实行军民结合、平战结合、军品优先、以民养军的方针。国家统筹规划国防科技工业建设，保持规模适度、专业配套、布局合理的国防科研生产能力。”

四、填空题

1. 国家工作人员；现役军人
2. 公安部
3. 国歌标准演奏曲谱；国歌官方录音
4. 警告；十五
5. 国务院办公厅
6. 县级以上各级人民政府
7. 陆地领土；内水
8. 直线基线法；十二
9. 领海的海床；底土
10. 安全；海关；财政；卫生
11. 生物资源；非生物资源
12. 勘查大陆架；开发大陆架的自然资源
13. 村民会议；村民代表会议
14. 村民会议讨论；县级人民政府
15. 行政赔偿；刑事赔偿；非刑事司法赔偿
16. 支付赔偿金；返还财产；恢复原状

17. 坚持一个中国原则
18. 现代化；正规化
19. 中国人民武装警察部队；民兵
20. 国务院；中央军事委员会

附　录

中华人民共和国宪法

（1982 年 12 月 4 日第五届全国人民代表大会第五次会议通过　1982 年 12 月 4 日全国人民代表大会公告公布施行

根据 1988 年 4 月 12 日第七届全国人民代表大会第一次会议通过的《中华人民共和国宪法修正案》、1993 年 3 月 29 日第八届全国人民代表大会第一次会议通过的《中华人民共和国宪法修正案》、1999 年 3 月 15 日第九届全国人民代表大会第二次会议通过的《中华人民共和国宪法修正案》、2004 年 3 月 14 日第十届全国人民代表大会第二次会议通过的《中华人民共和国宪法修正案》和 2018 年 3 月 11 日第十三届全国人民代表大会第一次会议通过的《中华人民共和国宪法修正案》修正）

目　录

序　言

中国是世界上历史最悠久的国家之一。中国各族人民共同创造了光辉灿烂的文化，具有光荣的革命传统。

一八四〇年以后，封建的中国逐渐变成半殖民地、半封建的国家。中国人民为国家独立、民族解放和民主自由进行了前仆后继的英勇奋斗。

二十世纪，中国发生了翻天覆地的伟大历史变革。

一九一一年孙中山先生领导的辛亥革命，废除了封建帝制，创立了中华民国。但是，中国人民反对帝国主义和封建主义的历史任务还没有完成。

一九四九年，以毛泽东主席为领袖的中国共产党领导中国各族人民，在经历了长期的艰难曲折的武装斗争和其他形式的斗争以后，终于推翻了帝国主义、封建主义和官僚资本主义的统治，取得了新民主主义革命的伟大胜利，建立了中华人民共和国。从此，中国人民掌握了国家的权力，成为国家的主人。

中华人民共和国成立以后，我国社会逐步实现了由新民主主义到社会主义的过渡。生产资料私有制的社会主义改造已经完成，人剥削人的制度已经消灭，社会主义制度已经确立。工人阶级领导的、以工农联盟为基础的人民民主专政，实质上即无产阶级专政，得到巩固和发展。中国人民和中国人民解放军战胜了帝国主义、霸权主义的侵略、破坏和武装挑衅，维护了国家的独立和安全，增强了国防。经济建设取得了重大的成就，独立的、比较完整的社会主义工业体系已经基本形成，农业生产显著提高。教育、科学、文化等事业有了很大的发展，社会主义思想教育取得了明显的成效。广大人民的生活有了较大的改善。

中国新民主主义革命的胜利和社会主义事业的成就，是中国共产党领导中国各族人民，在马克思列宁主义、毛泽东思想的指引下，坚持真理，修正错误，战胜许多艰难险阻而取得的。我国将长期处于社会主义初级阶段。国家的根本任务是，沿着中国特色社会主义道路，集中力量进行社会主义现代化建设。中国各族人民将继续在中国共产党领导下，在马克思列宁主义、毛泽东思想、邓小平理论、“三个代表”重要思想、科学发展观、习近平新时代中国特色社会主义思想指引下，坚持人民民主专政，坚持社会主义道路，坚持改革开放，不断完善社会主义的各项制度，发展社会主义市场经济，发展社会主义民主，健全社会主义法治，贯彻新发展理念，自力更生，艰苦奋斗，逐步实现工业、农业、国防和科学技术的现代化，推动物质文明、政治文明、精神文明、社会文明、生态文明协调发展，把我国建设成为富强民主文明和谐美丽的社会主义现代化强国，实现中华民族伟大复兴。

在我国，剥削阶级作为阶级已经消灭，但是阶级斗争还将在一定范围内长期存在。中国人民对敌视和破坏我国社会主义制度的国内外的敌对势力和敌对分子，必须进行斗争。

台湾是中华人民共和国的神圣领土的一部分。完成统一祖国的大业是包括台湾同胞在内的全中国人民的神圣职责。

社会主义的建设事业必须依靠工人、农民和知识分子，团结一切可以团结的力量。在长期的革命、建设、改革过程中，已经结成由中国共产党领导的，有各民主党派和各人民团体参加的，包括全体社会主义劳动者、社会主义事业的建设者、拥护社会主义的爱国者、拥护祖国统一和致力于中华民族伟大复兴的爱国者的广泛的爱国统一战线，这个统一战线将继续巩固和发展。中国人民政治协商会议是有广泛代表性的统一战线组织，过去发挥了重要的历史作用，今后在国家政治生活、社会生活和对外友好活动中，在进行社会主义现代化建设、维护国家的统一和团结的斗争中，将进一步发挥它的重要作用。中国共产党领导的多党合作和政治协商制度将长期存在和发展。

中华人民共和国是全国各族人民共同缔造的统一的多民族国家。平等团结互助和谐的社会主义民族关系已经确立，并将继续加强。在维护民族团结的斗争中，要反对大民族主义，主要是大汉族主义，也要反对地方民族主义。国家尽一切努力，促进全国各民族的共同繁荣。

中国革命、建设、改革的成就是同世界人民的支持分不开的。中国的前途是同世界的前途紧密地联系在一起的。中国坚持独立自主的对外政策，坚持互相尊重主权和领土完整、互不侵犯、互不干涉内政、平等互利、和平共处的五项原则，坚持和平发展道路，坚持互利共赢开放战略，发展同各国的外交关系和经济、文化交流，推动构建人类命运共同体；坚持反对帝国主义、霸权主义、殖民主义，加强同世界各国人民的团结，支持被压迫民族和发展中国家争取和维护民族独立、发展民族经济的正义斗争，为维护世界和平和促进人类进步事业而努力。

本宪法以法律的形式确认了中国各族人民奋斗的成果，规定了国家的根本制度和根本任务，是国家的根本法，具有最高的法律效力。全国各族人民、一切国家机关和武装力量、各政党和各社会团体、各企业事业组织，都必须以宪法为根本的活动准则，并且负有维护宪法尊严、保证宪法实施的职责。

第一章　总　　纲

第一条　中华人民共和国是工人阶级领导的、以工农联盟为基础的人民民主专政的社会主义国家。

社会主义制度是中华人民共和国的根本制度。中国共产党领导是中国特色社会主义最本质的特征。禁止任何组织或者个人破坏社会主义制度。

第二条　中华人民共和国的一切权力属于人民。

人民行使国家权力的机关是全国人民代表大会和地方各级人民代表大会。

人民依照法律规定，通过各种途径和形式，管理国家事务，管理经济和文化事业，管理社会事务。

第三条　中华人民共和国的国家机构实行民主集中制的原则。

全国人民代表大会和地方各级人民代表大会都由民主选举产生，对人民负责，受人民监督。

国家行政机关、监察机关、审判机关、检察机关都由人民代表大会产生，对它负责，受它监督。

中央和地方的国家机构职权的划分，遵循在中央的统一领导下，充分发挥地方的主动性、积极性的原则。

第四条 中华人民共和国各民族一律平等。国家保障各少数民族的合法的权利和利益，维护和发展各民族的平等团结互助和谐关系。禁止对任何民族的歧视和压迫，禁止破坏民族团结和制造民族分裂的行为。

国家根据各少数民族的特点和需要，帮助各少数民族地区加速经济和文化的发展。

各少数民族聚居的地方实行区域自治，设立自治机关，行使自治权。各民族自治地方都是中华人民共和国不可分离的部分。

各民族都有使用和发展自己的语言文字的自由，都有保持或者改革自己的风俗习惯的自由。

第五条 中华人民共和国实行依法治国，建设社会主义法治国家。

国家维护社会主义法制的统一和尊严。

一切法律、行政法规和地方性法规都不得同宪法相抵触。

一切国家机关和武装力量、各政党和各社会团体、各企业事业组织都必须遵守宪法和法律。一切违反宪法和法律的行为，必须予以追究。

任何组织或者个人都不得有超越宪法和法律的特权。

第六条 中华人民共和国的社会主义经济制度的基础是生

产资料的社会主义公有制，即全民所有制和劳动群众集体所有制。社会主义公有制消灭人剥削人的制度，实行各尽所能、按劳分配的原则。

国家在社会主义初级阶段，坚持公有制为主体、多种所有制经济共同发展的基本经济制度，坚持按劳分配为主体、多种分配方式并存的分配制度。

第七条 国有经济，即社会主义全民所有制经济，是国民经济中的主导力量。国家保障国有经济的巩固和发展。

第八条 农村集体经济组织实行家庭承包经营为基础、统分结合的双层经营体制。农村中的生产、供销、信用、消费等各种形式的合作经济，是社会主义劳动群众集体所有制经济。参加农村集体经济组织的劳动者，有权在法律规定的范围内经营自留地、自留山、家庭副业和饲养自留畜。

城镇中的手工业、工业、建筑业、运输业、商业、服务业等行业的各种形式的合作经济，都是社会主义劳动群众集体所有制经济。

国家保护城乡集体经济组织的合法的权利和利益，鼓励、指导和帮助集体经济的发展。

第九条 矿藏、水流、森林、山岭、草原、荒地、滩涂等自然资源，都属于国家所有，即全民所有；由法律规定属于集体所有的森林和山岭、草原、荒地、滩涂除外。

国家保障自然资源的合理利用，保护珍贵的动物和植物。禁止任何组织或者个人用任何手段侵占或者破坏自然资源。

第十条 城市的土地属于国家所有。

农村和城市郊区的土地，除由法律规定属于国家所有的以外，属于集体所有；宅基地和自留地、自留山，也属于集体所有。

国家为了公共利益的需要，可以依照法律规定对土地实行征收或者征用并给予补偿。

任何组织或者个人不得侵占、买卖或者以其他形式非法转让土地。土地的使用权可以依照法律的规定转让。

一切使用土地的组织和个人必须合理地利用土地。

第十一条 在法律规定范围内的个体经济、私营经济等非公有制经济，是社会主义市场经济的重要组成部分。

国家保护个体经济、私营经济等非公有制经济的合法的权利和利益。国家鼓励、支持和引导非公有制经济的发展，并对非公有制经济依法实行监督和管理。

第十二条 社会主义的公共财产神圣不可侵犯。

国家保护社会主义的公共财产。禁止任何组织或者个人用任何手段侵占或者破坏国家的和集体的财产。

第十三条 公民的合法的私有财产不受侵犯。

国家依照法律规定保护公民的私有财产权和继承权。

国家为了公共利益的需要，可以依照法律规定对公民的私有财产实行征收或者征用并给予补偿。

第十四条 国家通过提高劳动者的积极性和技术水平，推广先进的科学技术，完善经济管理体制和企业经营管理制度，实行各种形式的社会主义责任制，改进劳动组织，以不断提高劳动生产率和经济效益，发展社会生产力。

国家厉行节约，反对浪费。

国家合理安排积累和消费，兼顾国家、集体和个人的利益，在发展生产的基础上，逐步改善人民的物质生活和文化生活。

国家建立健全同经济发展水平相适应的社会保障制度。

第十五条 国家实行社会主义市场经济。

国家加强经济立法，完善宏观调控。

国家依法禁止任何组织或者个人扰乱社会经济秩序。

第十六条 国有企业在法律规定的范围内有权自主经营。

国有企业依照法律规定，通过职工代表大会和其他形式，实行民主管理。

第十七条 集体经济组织在遵守有关法律的前提下，有独立进行经济活动的自主权。

集体经济组织实行民主管理，依照法律规定选举和罢免管理人员，决定经营管理的重大问题。

第十八条 中华人民共和国允许外国的企业和其他经济组织或者个人依照中华人民共和国法律的规定在中国投资，同中国的企业或者其他经济组织进行各种形式的经济合作。

在中国境内的外国企业和其他外国经济组织以及中外合资经营的企业，都必须遵守中华人民共和国的法律。它们的合法的权利和利益受中华人民共和国法律的保护。

第十九条 国家发展社会主义的教育事业，提高全国人民的科学文化水平。

国家举办各种学校，普及初等义务教育，发展中等教育、职业教育和高等教育，并且发展学前教育。

国家发展各种教育设施，扫除文盲，对工人、农民、国家工作人员和其他劳动者进行政治、文化、科学、技术、业务的教育，鼓励自学成才。

国家鼓励集体经济组织、国家企业事业组织和其他社会力量依照法律规定举办各种教育事业。

国家推广全国通用的普通话。

第二十条 国家发展自然科学和社会科学事业，普及科学和技术知识，奖励科学研究成果和技术发明创造。

第二十一条 国家发展医疗卫生事业，发展现代医药和我国传统医药，鼓励和支持农村集体经济组织、国家企业事业组织和街道组织举办各种医疗卫生设施，开展群众性的卫生活动，保护人民健康。

国家发展体育事业，开展群众性的体育活动，增强人民体质。

第二十二条 国家发展为人民服务、为社会主义服务的文学艺术事业、新闻广播电视事业、出版发行事业、图书馆博物馆文化馆和其他文化事业，开展群众性的文化活动。

国家保护名胜古迹、珍贵文物和其他重要历史文化遗产。

第二十三条 国家培养为社会主义服务的各种专业人才，扩大知识分子的队伍，创造条件，充分发挥他们在社会主义现代化建设中的作用。

第二十四条 国家通过普及理想教育、道德教育、文化教育、纪律和法制教育，通过在城乡不同范围的群众中制定和执行各种守则、公约，加强社会主义精神文明的建设。

国家倡导社会主义核心价值观，提倡爱祖国、爱人民、爱劳动、爱科学、爱社会主义的公德，在人民中进行爱国主义、集体主义和国际主义、共产主义的教育，进行辩证唯物主义和历史唯物主义的教育，反对资本主义的、封建主义的和其他的腐朽思想。

第二十五条 国家推行计划生育，使人口的增长同经济和社会发展计划相适应。

第二十六条 国家保护和改善生活环境和生态环境，防治污染和其他公害。

国家组织和鼓励植树造林，保护林木。

第二十七条 一切国家机关实行精简的原则，实行工作责任制，实行工作人员的培训和考核制度，不断提高工作质量和工作效率，反对官僚主义。

一切国家机关和国家工作人员必须依靠人民的支持，经常保持同人民的密切联系，倾听人民的意见和建议，接受人民的监督，努力为人民服务。

国家工作人员就职时应当依照法律规定公开进行宪法宣誓。

第二十八条 国家维护社会秩序，镇压叛国和其他危害国家安全的犯罪活动，制裁危害社会治安、破坏社会主义经济和其他犯罪的活动，惩办和改造犯罪分子。

第二十九条 中华人民共和国的武装力量属于人民。它的任务是巩固国防，抵抗侵略，保卫祖国，保卫人民的和平劳动，参加国家建设事业，努力为人民服务。

国家加强武装力量的革命化、现代化、正规化的建设，增强国防力量。

第三十条 中华人民共和国的行政区域划分如下：

（一）全国分为省、自治区、直辖市；

（二）省、自治区分为自治州、县、自治县、市；

（三）县、自治县分为乡、民族乡、镇。

直辖市和较大的市分为区、县。自治州分为县、自治县、市。

自治区、自治州、自治县都是民族自治地方。

第三十一条 国家在必要时得设立特别行政区。在特别行政区内实行的制度按照具体情况由全国人民代表大会以法律规定。

第三十二条 中华人民共和国保护在中国境内的外国人的合法权利和利益，在中国境内的外国人必须遵守中华人民共和国的法律。

中华人民共和国对于因为政治原因要求避难的外国人，可以给予受庇护的权利。

第二章　公民的基本权利和义务

第三十三条　凡具有中华人民共和国国籍的人都是中华人民共和国公民。

中华人民共和国公民在法律面前一律平等。

国家尊重和保障人权。

任何公民享有宪法和法律规定的权利，同时必须履行宪法和法律规定的义务。

第三十四条　中华人民共和国年满十八周岁的公民，不分民族、种族、性别、职业、家庭出身、宗教信仰、教育程度、财产状况、居住期限，都有选举权和被选举权；但是依照法律被剥夺政治权利的人除外。

第三十五条　中华人民共和国公民有言论、出版、集会、结社、游行、示威的自由。

第三十六条　中华人民共和国公民有宗教信仰自由。

任何国家机关、社会团体和个人不得强制公民信仰宗教或者不信仰宗教，不得歧视信仰宗教的公民和不信仰宗教的公民。

国家保护正常的宗教活动。任何人不得利用宗教进行破坏社会秩序、损害公民身体健康、妨碍国家教育制度的活动。

宗教团体和宗教事务不受外国势力的支配。

第三十七条　中华人民共和国公民的人身自由不受侵犯。

任何公民，非经人民检察院批准或者决定或者人民法院决定，并由公安机关执行，不受逮捕。

禁止非法拘禁和以其他方法非法剥夺或者限制公民的人身自由，禁止非法搜查公民的身体。

第三十八条 中华人民共和国公民的人格尊严不受侵犯。禁止用任何方法对公民进行侮辱、诽谤和诬告陷害。

第三十九条 中华人民共和国公民的住宅不受侵犯。禁止非法搜查或者非法侵入公民的住宅。

第四十条 中华人民共和国公民的通信自由和通信秘密受法律的保护。除因国家安全或者追查刑事犯罪的需要，由公安机关或者检察机关依照法律规定的程序对通信进行检查外，任何组织或者个人不得以任何理由侵犯公民的通信自由和通信秘密。

第四十一条 中华人民共和国公民对于任何国家机关和国家工作人员，有提出批评和建议的权利；对于任何国家机关和国家工作人员的违法失职行为，有向有关国家机关提出申诉、控告或者检举的权利，但是不得捏造或者歪曲事实进行诬告陷害。

对于公民的申诉、控告或者检举，有关国家机关必须查清事实，负责处理。任何人不得压制和打击报复。

由于国家机关和国家工作人员侵犯公民权利而受到损失的人，有依照法律规定取得赔偿的权利。

第四十二条 中华人民共和国公民有劳动的权利和义务。

国家通过各种途径，创造劳动就业条件，加强劳动保护，改善劳动条件，并在发展生产的基础上，提高劳动报酬和福利待遇。

劳动是一切有劳动能力的公民的光荣职责。国有企业和城乡集体经济组织的劳动者都应当以国家主人翁的态度对待自己的劳动。国家提倡社会主义劳动竞赛，奖励劳动模范和先进工作者。国家提倡公民从事义务劳动。

国家对就业前的公民进行必要的劳动就业训练。

第四十三条 中华人民共和国劳动者有休息的权利。

国家发展劳动者休息和休养的设施，规定职工的工作时间和休假制度。

第四十四条 国家依照法律规定实行企业事业组织的职工和国家机关工作人员的退休制度。退休人员的生活受到国家和社会的保障。

第四十五条 中华人民共和国公民在年老、疾病或者丧失劳动能力的情况下，有从国家和社会获得物质帮助的权利。国家发展为公民享受这些权利所需要的社会保险、社会救济和医疗卫生事业。

国家和社会保障残废军人的生活，抚恤烈士家属，优待军人家属。

国家和社会帮助安排盲、聋、哑和其他有残疾的公民的劳动、生活和教育。

第四十六条 中华人民共和国公民有受教育的权利和义务。

国家培养青年、少年、儿童在品德、智力、体质等方面全面发展。

第四十七条 中华人民共和国公民有进行科学研究、文学艺术创作和其他文化活动的自由。国家对于从事教育、科学、技术、文学、艺术和其他文化事业的公民的有益于人民的创造性工作，给以鼓励和帮助。

第四十八条 中华人民共和国妇女在政治的、经济的、文化的、社会的和家庭的生活等各方面享有同男子平等的权利。

国家保护妇女的权利和利益，实行男女同工同酬，培养和选拔妇女干部。

第四十九条 婚姻、家庭、母亲和儿童受国家的保护。

夫妻双方有实行计划生育的义务。

父母有抚养教育未成年子女的义务，成年子女有赡养扶助父母的义务。

禁止破坏婚姻自由，禁止虐待老人、妇女和儿童。

第五十条 中华人民共和国保护华侨的正当的权利和利益，保护归侨和侨眷的合法的权利和利益。

第五十一条 中华人民共和国公民在行使自由和权利的时候，不得损害国家的、社会的、集体的利益和其他公民的合法的自由和权利。

第五十二条 中华人民共和国公民有维护国家统一和全国各民族团结的义务。

第五十三条 中华人民共和国公民必须遵守宪法和法律，保守国家秘密，爱护公共财产，遵守劳动纪律，遵守公共秩序，尊重社会公德。

第五十四条 中华人民共和国公民有维护祖国的安全、荣誉和利益的义务，不得有危害祖国的安全、荣誉和利益的行为。

第五十五条 保卫祖国、抵抗侵略是中华人民共和国每一个公民的神圣职责。

依照法律服兵役和参加民兵组织是中华人民共和国公民的光荣义务。

第五十六条 中华人民共和国公民有依照法律纳税的义务。

第三章 国家机构

第一节 全国人民代表大会

第五十七条 中华人民共和国全国人民代表大会是最高国

家权力机关。它的常设机关是全国人民代表大会常务委员会。

第五十八条 全国人民代表大会和全国人民代表大会常务委员会行使国家立法权。

第五十九条 全国人民代表大会由省、自治区、直辖市、特别行政区和军队选出的代表组成。各少数民族都应当有适当名额的代表。

全国人民代表大会代表的选举由全国人民代表大会常务委员会主持。

全国人民代表大会代表名额和代表产生办法由法律规定。

第六十条 全国人民代表大会每届任期五年。

全国人民代表大会任期届满的两个月以前，全国人民代表大会常务委员会必须完成下届全国人民代表大会代表的选举。如果遇到不能进行选举的非常情况，由全国人民代表大会常务委员会以全体组成人员的三分之二以上的多数通过，可以推迟选举，延长本届全国人民代表大会的任期。在非常情况结束后一年内，必须完成下届全国人民代表大会代表的选举。

第六十一条 全国人民代表大会会议每年举行一次，由全国人民代表大会常务委员会召集。如果全国人民代表大会常务委员会认为必要，或者有五分之一以上的全国人民代表大会代表提议，可以临时召集全国人民代表大会会议。

全国人民代表大会举行会议的时候，选举主席团主持会议。

第六十二条 全国人民代表大会行使下列职权：

（一）修改宪法；

（二）监督宪法的实施；

（三）制定和修改刑事、民事、国家机构的和其他的基本法律；

（四）选举中华人民共和国主席、副主席；

（五）根据中华人民共和国主席的提名，决定国务院总理的人选；根据国务院总理的提名，决定国务院副总理、国务委员、各部部长、各委员会主任、审计长、秘书长的人选；

（六）选举中央军事委员会主席；根据中央军事委员会主席的提名，决定中央军事委员会其他组成人员的人选；

（七）选举国家监察委员会主任；

（八）选举最高人民法院院长；

（九）选举最高人民检察院检察长；

（十）审查和批准国民经济和社会发展计划和计划执行情况的报告；

（十一）审查和批准国家的预算和预算执行情况的报告；

（十二）改变或者撤销全国人民代表大会常务委员会不适当的决定；

（十三）批准省、自治区和直辖市的建置；

（十四）决定特别行政区的设立及其制度；

（十五）决定战争和和平的问题；

（十六）应当由最高国家权力机关行使的其他职权。

第六十三条　全国人民代表大会有权罢免下列人员：

（一）中华人民共和国主席、副主席；

（二）国务院总理、副总理、国务委员、各部部长、各委员会主任、审计长、秘书长；

（三）中央军事委员会主席和中央军事委员会其他组成人员；

（四）国家监察委员会主任；

（五）最高人民法院院长；

（六）最高人民检察院检察长。

第六十四条 宪法的修改，由全国人民代表大会常务委员会或者五分之一以上的全国人民代表大会代表提议，并由全国人民代表大会以全体代表的三分之二以上的多数通过。

法律和其他议案由全国人民代表大会以全体代表的过半数通过。

第六十五条 全国人民代表大会常务委员会由下列人员组成：

委员长，

副委员长若干人，

秘书长，

委员若干人。

全国人民代表大会常务委员会组成人员中，应当有适当名额的少数民族代表。

全国人民代表大会选举并有权罢免全国人民代表大会常务委员会的组成人员。

全国人民代表大会常务委员会的组成人员不得担任国家行政机关、监察机关、审判机关和检察机关的职务。

第六十六条 全国人民代表大会常务委员会每届任期同全国人民代表大会每届任期相同，它行使职权到下届全国人民代表大会选出新的常务委员会为止。

委员长、副委员长连续任职不得超过两届。

第六十七条 全国人民代表大会常务委员会行使下列职权：

（一）解释宪法，监督宪法的实施；

（二）制定和修改除应当由全国人民代表大会制定的法律以外的其他法律；

（三）在全国人民代表大会闭会期间，对全国人民代表大会制定的法律进行部分补充和修改，但是不得同该法律的基本原则相抵触；

（四）解释法律；

（五）在全国人民代表大会闭会期间，审查和批准国民经济和社会发展计划、国家预算在执行过程中所必须作的部分调整方案；

（六）监督国务院、中央军事委员会、国家监察委员会、最高人民法院和最高人民检察院的工作；

（七）撤销国务院制定的同宪法、法律相抵触的行政法规、决定和命令；

（八）撤销省、自治区、直辖市国家权力机关制定的同宪法、法律和行政法规相抵触的地方性法规和决议；

（九）在全国人民代表大会闭会期间，根据国务院总理的提名，决定部长、委员会主任、审计长、秘书长的人选；

（十）在全国人民代表大会闭会期间，根据中央军事委员会主席的提名，决定中央军事委员会其他组成人员的人选；

（十一）根据国家监察委员会主任的提请，任免国家监察委员会副主任、委员；

（十二）根据最高人民法院院长的提请，任免最高人民法院副院长、审判员、审判委员会委员和军事法院院长；

（十三）根据最高人民检察院检察长的提请，任免最高人民检察院副检察长、检察员、检察委员会委员和军事检察院检察长，并且批准省、自治区、直辖市的人民检察院检察长的任免；

（十四）决定驻外全权代表的任免；

（十五）决定同外国缔结的条约和重要协定的批准和废除；

（十六）规定军人和外交人员的衔级制度和其他专门衔级制度；

（十七）规定和决定授予国家的勋章和荣誉称号；

（十八）决定特赦；

（十九）在全国人民代表大会闭会期间，如果遇到国家遭受武装侵犯或者必须履行国际间共同防止侵略的条约的情况，决定战争状态的宣布；

（二十）决定全国总动员或者局部动员；

（二十一）决定全国或者个别省、自治区、直辖市进入紧急状态；

（二十二）全国人民代表大会授予的其他职权。

第六十八条 全国人民代表大会常务委员会委员长主持全国人民代表大会常务委员会的工作，召集全国人民代表大会常务委员会会议。副委员长、秘书长协助委员长工作。

委员长、副委员长、秘书长组成委员长会议，处理全国人民代表大会常务委员会的重要日常工作。

第六十九条 全国人民代表大会常务委员会对全国人民代表大会负责并报告工作。

第七十条 全国人民代表大会设立民族委员会、宪法和法律委员会、财政经济委员会、教育科学文化卫生委员会、外事委员会、华侨委员会和其他需要设立的专门委员会。在全国人民代表大会闭会期间，各专门委员会受全国人民代表大会常务委员会的领导。

各专门委员会在全国人民代表大会和全国人民代表大会常务委员会领导下，研究、审议和拟订有关议案。

第七十一条 全国人民代表大会和全国人民代表大会常务委员会认为必要的时候，可以组织关于特定问题的调查委员会，并且根据调查委员会的报告，作出相应的决议。

调查委员会进行调查的时候，一切有关的国家机关、社会团体和公民都有义务向它提供必要的材料。

第七十二条 全国人民代表大会代表和全国人民代表大会常务委员会组成人员，有权依照法律规定的程序分别提出属于全国人民代表大会和全国人民代表大会常务委员会职权范围内的议案。

第七十三条 全国人民代表大会代表在全国人民代表大会开会期间，全国人民代表大会常务委员会组成人员在常务委员会开会期间，有权依照法律规定的程序提出对国务院或者国务院各部、各委员会的质询案。受质询的机关必须负责答复。

第七十四条 全国人民代表大会代表，非经全国人民代表大会会议主席团许可，在全国人民代表大会闭会期间非经全国人民代表大会常务委员会许可，不受逮捕或者刑事审判。

第七十五条 全国人民代表大会代表在全国人民代表大会各种会议上的发言和表决，不受法律追究。

第七十六条 全国人民代表大会代表必须模范地遵守宪法和法律，保守国家秘密，并且在自己参加的生产、工作和社会活动中，协助宪法和法律的实施。

全国人民代表大会代表应当同原选举单位和人民保持密切的联系，听取和反映人民的意见和要求，努力为人民服务。

第七十七条 全国人民代表大会代表受原选举单位的监督。原选举单位有权依照法律规定的程序罢免本单位选出的代表。

第七十八条 全国人民代表大会和全国人民代表大会常务委员会的组织和工作程序由法律规定。

第二节 中华人民共和国主席

第七十九条 中华人民共和国主席、副主席由全国人民代表大会选举。

有选举权和被选举权的年满四十五周岁的中华人民共和国公民可以被选为中华人民共和国主席、副主席。

中华人民共和国主席、副主席每届任期同全国人民代表大会每届任期相同。

第八十条 中华人民共和国主席根据全国人民代表大会的决定和全国人民代表大会常务委员会的决定，公布法律，任免国务院总理、副总理、国务委员、各部部长、各委员会主任、审计长、秘书长，授予国家的勋章和荣誉称号，发布特赦令，宣布进入紧急状态，宣布战争状态，发布动员令。

第八十一条 中华人民共和国主席代表中华人民共和国，进行国事活动，接受外国使节；根据全国人民代表大会常务委员会的决定，派遣和召回驻外全权代表，批准和废除同外国缔结的条约和重要协定。

第八十二条 中华人民共和国副主席协助主席工作。

中华人民共和国副主席受主席的委托，可以代行主席的部分职权。

第八十三条 中华人民共和国主席、副主席行使职权到下届全国人民代表大会选出的主席、副主席就职为止。

第八十四条 中华人民共和国主席缺位的时候，由副主席继任主席的职位。

中华人民共和国副主席缺位的时候，由全国人民代表大会补选。

中华人民共和国主席、副主席都缺位的时候，由全国人民代表大会补选；在补选以前，由全国人民代表大会常务委员会委员长暂时代理主席职位。

第三节 国务院

第八十五条 中华人民共和国国务院，即中央人民政府，是最高国家权力机关的执行机关，是最高国家行政机关。

第八十六条 国务院由下列人员组成：

总理，

副总理若干人，

国务委员若干人，

各部部长，

各委员会主任，

审计长，

秘书长。

国务院实行总理负责制。各部、各委员会实行部长、主任负责制。

国务院的组织由法律规定。

第八十七条 国务院每届任期同全国人民代表大会每届任期相同。

总理、副总理、国务委员连续任职不得超过两届。

第八十八条 总理领导国务院的工作。副总理、国务委员协助总理工作。

总理、副总理、国务委员、秘书长组成国务院常务会议。

总理召集和主持国务院常务会议和国务院全体会议。

第八十九条 国务院行使下列职权：

（一）根据宪法和法律，规定行政措施，制定行政法规，发布决定和命令；

（二）向全国人民代表大会或者全国人民代表大会常务委员会提出议案；

（三）规定各部和各委员会的任务和职责，统一领导各部和各委员会的工作，并且领导不属于各部和各委员会的全国性的行政工作；

（四）统一领导全国地方各级国家行政机关的工作，规定中央和省、自治区、直辖市的国家行政机关的职权的具体划分；

（五）编制和执行国民经济和社会发展计划和国家预算；

（六）领导和管理经济工作和城乡建设、生态文明建设；

（七）领导和管理教育、科学、文化、卫生、体育和计划生育工作；

（八）领导和管理民政、公安、司法行政等工作；

（九）管理对外事务，同外国缔结条约和协定；

（十）领导和管理国防建设事业；

（十一）领导和管理民族事务，保障少数民族的平等权利和民族自治地方的自治权利；

（十二）保护华侨的正当的权利和利益，保护归侨和侨眷的合法的权利和利益；

（十三）改变或者撤销各部、各委员会发布的不适当的命令、指示和规章；

（十四）改变或者撤销地方各级国家行政机关的不适当的决定和命令；

（十五）批准省、自治区、直辖市的区域划分，批准自治州、县、自治县、市的建置和区域划分；

（十六）依照法律规定决定省、自治区、直辖市的范围内部分地区进入紧急状态；

（十七）审定行政机构的编制，依照法律规定任免、培训、考核和奖惩行政人员；

（十八）全国人民代表大会和全国人民代表大会常务委员会授予的其他职权。

第九十条 国务院各部部长、各委员会主任负责本部门的工作；召集和主持部务会议或者委员会会议、委务会议，讨论决定本部门工作的重大问题。

各部、各委员会根据法律和国务院的行政法规、决定、命令，在本部门的权限内，发布命令、指示和规章。

第九十一条 国务院设立审计机关，对国务院各部门和地方各级政府的财政收支，对国家的财政金融机构和企业事业组织的财务收支，进行审计监督。

审计机关在国务院总理领导下，依照法律规定独立行使审计监督权，不受其他行政机关、社会团体和个人的干涉。

第九十二条 国务院对全国人民代表大会负责并报告工作；在全国人民代表大会闭会期间，对全国人民代表大会常务委员会负责并报告工作。

第四节 中央军事委员会

第九十三条 中华人民共和国中央军事委员会领导全国武装力量。

中央军事委员会由下列人员组成：

主席，

副主席若干人，

委员若干人。

中央军事委员会实行主席负责制。

中央军事委员会每届任期同全国人民代表大会每届任期相同。

第九十四条 中央军事委员会主席对全国人民代表大会和

全国人民代表大会常务委员会负责。

第五节　地方各级人民代表大会和地方各级人民政府

第九十五条　省、直辖市、县、市、市辖区、乡、民族乡、镇设立人民代表大会和人民政府。

地方各级人民代表大会和地方各级人民政府的组织由法律规定。

自治区、自治州、自治县设立自治机关。自治机关的组织和工作根据宪法第三章第五节、第六节规定的基本原则由法律规定。

第九十六条　地方各级人民代表大会是地方国家权力机关。

县级以上的地方各级人民代表大会设立常务委员会。

第九十七条　省、直辖市、设区的市的人民代表大会代表由下一级的人民代表大会选举；县、不设区的市、市辖区、乡、民族乡、镇的人民代表大会代表由选民直接选举。

地方各级人民代表大会代表名额和代表产生办法由法律规定。

第九十八条　地方各级人民代表大会每届任期五年。

第九十九条　地方各级人民代表大会在本行政区域内，保证宪法、法律、行政法规的遵守和执行；依照法律规定的权限，通过和发布决议，审查和决定地方的经济建设、文化建设和公共事业建设的计划。

县级以上的地方各级人民代表大会审查和批准本行政区域内的国民经济和社会发展计划、预算以及它们的执行情况的报告；有权改变或者撤销本级人民代表大会常务委员会不适当的决定。

民族乡的人民代表大会可以依照法律规定的权限采取适合

民族特点的具体措施。

第一百条 省、直辖市的人民代表大会和它们的常务委员会，在不同宪法、法律、行政法规相抵触的前提下，可以制定地方性法规，报全国人民代表大会常务委员会备案。

设区的市的人民代表大会和它们的常务委员会，在不同宪法、法律、行政法规和本省、自治区的地方性法规相抵触的前提下，可以依照法律规定制定地方性法规，报本省、自治区人民代表大会常务委员会批准后施行。

第一百零一条 地方各级人民代表大会分别选举并且有权罢免本级人民政府的省长和副省长、市长和副市长、县长和副县长、区长和副区长、乡长和副乡长、镇长和副镇长。

县级以上的地方各级人民代表大会选举并且有权罢免本级监察委员会主任、本级人民法院院长和本级人民检察院检察长。选出或者罢免人民检察院检察长，须报上级人民检察院检察长提请该级人民代表大会常务委员会批准。

第一百零二条 省、直辖市、设区的市的人民代表大会代表受原选举单位的监督；县、不设区的市、市辖区、乡、民族乡、镇的人民代表大会代表受选民的监督。

地方各级人民代表大会代表的选举单位和选民有权依照法律规定的程序罢免由他们选出的代表。

第一百零三条 县级以上的地方各级人民代表大会常务委员会由主任、副主任若干人和委员若干人组成，对本级人民代表大会负责并报告工作。

县级以上的地方各级人民代表大会选举并有权罢免本级人民代表大会常务委员会的组成人员。

县级以上的地方各级人民代表大会常务委员会的组成人

员不得担任国家行政机关、监察机关、审判机关和检察机关的职务。

第一百零四条 县级以上的地方各级人民代表大会常务委员会讨论、决定本行政区域内各方面工作的重大事项；监督本级人民政府、监察委员会、人民法院和人民检察院的工作；撤销本级人民政府的不适当的决定和命令；撤销下一级人民代表大会的不适当的决议；依照法律规定的权限决定国家机关工作人员的任免；在本级人民代表大会闭会期间，罢免和补选上一级人民代表大会的个别代表。

第一百零五条 地方各级人民政府是地方各级国家权力机关的执行机关，是地方各级国家行政机关。

地方各级人民政府实行省长、市长、县长、区长、乡长、镇长负责制。

第一百零六条 地方各级人民政府每届任期同本级人民代表大会每届任期相同。

第一百零七条 县级以上地方各级人民政府依照法律规定的权限，管理本行政区域内的经济、教育、科学、文化、卫生、体育事业、城乡建设事业和财政、民政、公安、民族事务、司法行政、计划生育等行政工作，发布决定和命令，任免、培训、考核和奖惩行政工作人员。

乡、民族乡、镇的人民政府执行本级人民代表大会的决议和上级国家行政机关的决定和命令，管理本行政区域内的行政工作。

省、直辖市的人民政府决定乡、民族乡、镇的建置和区域划分。

第一百零八条 县级以上的地方各级人民政府领导所属各工作部门和下级人民政府的工作，有权改变或者撤销所属各工作部门和下级人民政府的不适当的决定。

第一百零九条 县级以上的地方各级人民政府设立审计机关。地方各级审计机关依照法律规定独立行使审计监督权，对本级人民政府和上一级审计机关负责。

第一百一十条 地方各级人民政府对本级人民代表大会负责并报告工作。县级以上的地方各级人民政府在本级人民代表大会闭会期间，对本级人民代表大会常务委员会负责并报告工作。

地方各级人民政府对上一级国家行政机关负责并报告工作。全国地方各级人民政府都是国务院统一领导下的国家行政机关，都服从国务院。

第一百一十一条 城市和农村按居民居住地区设立的居民委员会或者村民委员会是基层群众性自治组织。居民委员会、村民委员会的主任、副主任和委员由居民选举。居民委员会、村民委员会同基层政权的相互关系由法律规定。

居民委员会、村民委员会设人民调解、治安保卫、公共卫生等委员会，办理本居住地区的公共事务和公益事业，调解民间纠纷，协助维护社会治安，并且向人民政府反映群众的意见、要求和提出建议。

第六节 民族自治地方的自治机关

第一百一十二条 民族自治地方的自治机关是自治区、自治州、自治县的人民代表大会和人民政府。

第一百一十三条 自治区、自治州、自治县的人民代表大会中，除实行区域自治的民族的代表外，其他居住在本行政区域内的民族也应当有适当名额的代表。

自治区、自治州、自治县的人民代表大会常务委员会中应当有实行区域自治的民族的公民担任主任或者副主任。

第一百一十四条 自治区主席、自治州州长、自治县县长由实行区域自治的民族的公民担任。

第一百一十五条 自治区、自治州、自治县的自治机关行使宪法第三章第五节规定的地方国家机关的职权，同时依照宪法、民族区域自治法和其他法律规定的权限行使自治权，根据本地方实际情况贯彻执行国家的法律、政策。

第一百一十六条 民族自治地方的人民代表大会有权依照当地民族的政治、经济和文化的特点，制定自治条例和单行条例。自治区的自治条例和单行条例，报全国人民代表大会常务委员会批准后生效。自治州、自治县的自治条例和单行条例，报省或者自治区的人民代表大会常务委员会批准后生效，并报全国人民代表大会常务委员会备案。

第一百一十七条 民族自治地方的自治机关有管理地方财政的自治权。凡是依照国家财政体制属于民族自治地方的财政收入，都应当由民族自治地方的自治机关自主地安排使用。

第一百一十八条 民族自治地方的自治机关在国家计划的指导下，自主地安排和管理地方性的经济建设事业。

国家在民族自治地方开发资源、建设企业的时候，应当照顾民族自治地方的利益。

第一百一十九条 民族自治地方的自治机关自主地管理本地方的教育、科学、文化、卫生、体育事业，保护和整理民族的文化遗产，发展和繁荣民族文化。

第一百二十条 民族自治地方的自治机关依照国家的军事制度和当地的实际需要，经国务院批准，可以组织本地方维护社会治安的公安部队。

第一百二十一条 民族自治地方的自治机关在执行职务的

时候，依照本民族自治地方自治条例的规定，使用当地通用的一种或者几种语言文字。

第一百二十二条 国家从财政、物资、技术等方面帮助各少数民族加速发展经济建设和文化建设事业。

国家帮助民族自治地方从当地民族中大量培养各级干部、各种专业人才和技术工人。

第七节 监察委员会

第一百二十三条 中华人民共和国各级监察委员会是国家的监察机关。

第一百二十四条 中华人民共和国设立国家监察委员会和地方各级监察委员会。

监察委员会由下列人员组成：

主任，

副主任若干人，

委员若干人。

监察委员会主任每届任期同本级人民代表大会每届任期相同。国家监察委员会主任连续任职不得超过两届。

监察委员会的组织和职权由法律规定。

第一百二十五条 中华人民共和国国家监察委员会是最高监察机关。

国家监察委员会领导地方各级监察委员会的工作，上级监察委员会领导下级监察委员会的工作。

第一百二十六条 国家监察委员会对全国人民代表大会和全国人民代表大会常务委员会负责。地方各级监察委员会对产生它的国家权力机关和上一级监察委员会负责。

第一百二十七条 监察委员会依照法律规定独立行使监察

权，不受行政机关、社会团体和个人的干涉。

监察机关办理职务违法和职务犯罪案件，应当与审判机关、检察机关、执法部门互相配合，互相制约。

第八节　人民法院和人民检察院

第一百二十八条　中华人民共和国人民法院是国家的审判机关。

第一百二十九条　中华人民共和国设立最高人民法院、地方各级人民法院和军事法院等专门人民法院。

最高人民法院院长每届任期同全国人民代表大会每届任期相同，连续任职不得超过两届。

人民法院的组织由法律规定。

第一百三十条　人民法院审理案件，除法律规定的特别情况外，一律公开进行。被告人有权获得辩护。

第一百三十一条　人民法院依照法律规定独立行使审判权，不受行政机关、社会团体和个人的干涉。

第一百三十二条　最高人民法院是最高审判机关。

最高人民法院监督地方各级人民法院和专门人民法院的审判工作，上级人民法院监督下级人民法院的审判工作。

第一百三十三条　最高人民法院对全国人民代表大会和全国人民代表大会常务委员会负责。地方各级人民法院对产生它的国家权力机关负责。

第一百三十四条　中华人民共和国人民检察院是国家的法律监督机关。

第一百三十五条　中华人民共和国设立最高人民检察院、地方各级人民检察院和军事检察院等专门人民检察院。

最高人民检察院检察长每届任期同全国人民代表大会每届

任期相同，连续任职不得超过两届。

人民检察院的组织由法律规定。

第一百三十六条 人民检察院依照法律规定独立行使检察权，不受行政机关、社会团体和个人的干涉。

第一百三十七条 最高人民检察院是最高检察机关。

最高人民检察院领导地方各级人民检察院和专门人民检察院的工作，上级人民检察院领导下级人民检察院的工作。

第一百三十八条 最高人民检察院对全国人民代表大会和全国人民代表大会常务委员会负责。地方各级人民检察院对产生它的国家权力机关和上级人民检察院负责。

第一百三十九条 各民族公民都有用本民族语言文字进行诉讼的权利。人民法院和人民检察院对于不通晓当地通用的语言文字的诉讼参与人，应当为他们翻译。

在少数民族聚居或者多民族共同居住的地区，应当用当地通用的语言进行审理；起诉书、判决书、布告和其他文书应当根据实际需要使用当地通用的一种或者几种文字。

第一百四十条 人民法院、人民检察院和公安机关办理刑事案件，应当分工负责，互相配合，互相制约，以保证准确有效地执行法律。

第四章 国旗、国歌、国徽、首都

第一百四十一条 中华人民共和国国旗是五星红旗。

中华人民共和国国歌是《义勇军进行曲》。

第一百四十二条 中华人民共和国国徽，中间是五星照耀下的天安门，周围是谷穗和齿轮。

第一百四十三条 中华人民共和国首都是北京。

中华人民共和国宪法修正案

（1988 年 4 月 12 日第七届全国人民代表大会第一次会议通过　1988 年 4 月 12 日全国人民代表大会公告第八号公布施行）

第一条　宪法第十一条增加规定：“国家允许私营经济在法律规定的范围内存在和发展。私营经济是社会主义公有制经济的补充。国家保护私营经济的合法的权利和利益，对私营经济实行引导、监督和管理。”

第二条　宪法第十条第四款“任何组织或者个人不得侵占、买卖、出租或者以其他形式非法转让土地。”修改为：“任何组织或者个人不得侵占、买卖或者以其他形式非法转让土地。土地的使用权可以依照法律的规定转让。”

中华人民共和国宪法修正案

（1993 年 3 月 29 日第八届全国人民代表大会第一次会议通过　1993 年 3 月 29 日全国人民代表大会公告第八号公布施行）

第三条　宪法序言第七自然段后两句：“今后国家的根本任

务是集中力量进行社会主义现代化建设。中国各族人民将继续在中国共产党领导下，在马克思列宁主义、毛泽东思想指引下，坚持人民民主专政，坚持社会主义道路，不断完善社会主义的各项制度，发展社会主义民主，健全社会主义法制，自力更生，艰苦奋斗，逐步实现工业、农业、国防和科学技术的现代化，把我国建设成为高度文明、高度民主的社会主义国家。”修改为：“我国正处于社会主义初级阶段。国家的根本任务是，根据建设有中国特色社会主义的理论，集中力量进行社会主义现代化建设。中国各族人民将继续在中国共产党领导下，在马克思列宁主义、毛泽东思想指引下，坚持人民民主专政，坚持社会主义道路，坚持改革开放，不断完善社会主义的各项制度，发展社会主义民主，健全社会主义法制，自力更生，艰苦奋斗，逐步实现工业、农业、国防和科学技术的现代化，把我国建设成为富强、民主、文明的社会主义国家。”

第四条 宪法序言第十自然段末尾增加：“中国共产党领导的多党合作和政治协商制度将长期存在和发展。”

第五条 宪法第七条：“国营经济是社会主义全民所有制经济，是国民经济中的主导力量。国家保障国营经济的巩固和发展。”修改为：“国有经济，即社会主义全民所有制经济，是国民经济中的主导力量。国家保障国有经济的巩固和发展。”

第六条 宪法第八条第一款：“农村人民公社、农业生产合作社和其他生产、供销、信用、消费等各种形式的合作经济，是社会主义劳动群众集体所有制经济。参加农村集体经济组织的劳动者，有权在法律规定的范围内经营自留地、自留山、家庭副业和饲养自留畜。”修改为：“农村中的家庭联产承包为主的责任制和生产、供销、信用、消费等各种形式的合作经济，是社会主义劳动群众集体所有制经济。参加农村集体经济组织的劳动者，有权在法律规定的范围内经营自留地、自留山、家庭副业和饲养自留畜。”

第七条 宪法第十五条：“国家在社会主义公有制基础上实行计划经济。国家通过经济计划的综合平衡和市场调节的辅助作用，保证国民经济按比例地协调发展。”“禁止任何组织或者个人扰乱社会经济秩序，破坏国家经济计划。”修改为：“国家实行社会主义市场经济。”“国家加强经济立法，完善宏观调控。”“国家依法禁止任何组织或者个人扰乱社会经济秩序。”

第八条 宪法第十六条：“国营企业在服从国家的统一领导和全面完成国家计划的前提下，在法律规定的范围内，有经营管理的自主权。”“国营企业依照法律规定，通过职工代表大会和其他形式，实行民主管理。”修改为：“国有企业在法律规定的范围内有权自主经营。”“国有企业依照法律规定，通过职工代表大会和其他形式，实行民主管理。”

第九条 宪法第十七条：“集体经济组织在接受国家计划指导和遵守有关法律的前提下，有独立进行经济活动的自主权。”“集体经济组织依照法律规定实行民主管理，由它的全体劳动者选举和罢免管理人员，决定经营管理的重大问题。”修改为：“集体经济组织在遵守有关法律的前提下，有独立进行经济活动的自主权。”“集体经济组织实行民主管理，依照法律规定选举和罢免管理人员，决定经营管理的重大问题。”

第十条 宪法第四十二条第三款：“劳动是一切有劳动能力的公民的光荣职责。国营企业和城乡集体经济组织的劳动者都应当以国家主人翁的态度对待自己的劳动。国家提倡社会主义劳动竞赛，奖励劳动模范和先进工作者。国家提倡公民从事义务劳动。”修改为：“劳动是一切有劳动能力的公民的光荣职责。国有企业和城乡集体经济组织的劳动者都应当以国家主人翁的态度对待自己的劳动。国家提倡社会主义劳动竞赛，奖励劳动模范和先进工作者。国家提倡公民从事义务劳动。”

第十一条 宪法第九十八条：“省、直辖市、设区的市的人民代表大会每届任期五年。县、不设区的市、市辖区、乡、民族乡、镇的人民代表大会每届任期三年。”修改为：“省、直辖市、县、市、市辖区的人民代表大会每届任期五年。乡、民族乡、镇的人民代表大会每届任期三年。”

中华人民共和国宪法修正案

（1999年3月15日第九届全国人民代表大会第二次会议通过 1999年3月15日全国人民代表大会公告公布施行）

第十二条 宪法序言第七自然段：“中国新民主主义革命的胜利和社会主义事业的成就，都是中国共产党领导中国各族人民，在马克思列宁主义、毛泽东思想的指引下，坚持真理，修正错误，战胜许多艰难险阻而取得的。我国正处于社会主义初级阶段。国家的根本任务是，根据建设有中国特色社会主义的理论，集中力量进行社会主义现代化建设。中国各族人民将继续在中国共产党领导下，在马克思列宁主义、毛泽东思想指引下，坚持人民民主专政，坚持社会主义道路，坚持改革开放，不断完善社会主义的各项制度，发展社会主义民主，健全社会主义法制，自力更生，艰苦奋斗，逐步实现工业、农业、国防和科学技术的现代化，把我国建设成为富强、民主、文明的社会主义国家。”修改为：“中国新民主主义革命的胜利和社会主义事业的成就，是中国共产党领导中国各族人民，在马克思列宁主义、毛泽东思想的指引下，坚持真理，修正错误，战胜许多艰难险阻而取得的。我国将长期处于社会主义初级阶段。国家的根本任务是，沿着建设有中国特色社会主义的道路，集中力量进行社会主义现代化建设。中国各族人民将继续在中国共产党领导下，在马克思列宁主义、毛泽东思想、邓小平理论指引下，坚持人民民主专政，坚持社会主义道路，坚持改革开放，不断完善社会主义的各项制度，发展社会主义市场经济，发展社会主义民主，健全社会主义法制，自力更生，艰苦奋斗，逐步实现工业、农业、国防和科学技术的现代化，把我国建设成为富强、民主、文明的社会主义国家。”

第十三条 宪法第五条增加一款，作为第一款，规定：“中华人民共和国实行依法治国，建设社会主义法治国家。”

第十四条 宪法第六条：“中华人民共和国的社会主义经济制度的基础是生产资料的社会主义公有制，即全民所有制和劳动群众集体所有制。”“社会主义公有制消灭人剥削人的制度，实行各尽所能，按劳分配的原则。”修改为：“中华人民共和国的社会主义经济制度的基础是生产资料的社会主义公有制，即全民所有制和劳动群众集体所有制。社会主义公有制消灭人剥削人的制度，实行各尽所能、按劳分配的原则。”“国家在社会主义初级阶段，坚持公有制为主体、多种所有制经济共同发展的基本经济制度，坚持按劳分配为主体、多种分配方式并存的分配制度。”

第十五条　宪法第八条第一款：“农村中的家庭联产承包为主的责任制和生产、供销、信用、消费等各种形式的合作经济，是社会主义劳动群众集体所有制经济。参加农村集体经济组织的劳动者，有权在法律规定的范围内经营自留地、自留山、家庭副业和饲养自留畜。”修改为：“农村集体经济组织实行家庭承包经营为基础、统分结合的双层经营体制。农村中的生产、供销、信用、消费等各种形式的合作经济，是社会主义劳动群众集体所有制经济。参加农村集体经济组织的劳动者，有权在法律规定的范围内经营自留地、自留山、家庭副业和饲养自留畜。”

第十六条　宪法第十一条：“在法律规定范围内的城乡劳动者个体经济，是社会主义公有制经济的补充。国家保护个体经济的合法的权利和利益。”“国家通过行政管理，指导、帮助和监督个体经济。”“国家允许私营经济在法律规定的范围内存在和发展。私营经济是社会主义公有制经济的补充。国家保护私营经济的合法的权利和利益，对私营经济实行引导、监督和管理。”修改为：“在法律规定范围内的个体经济、私营经济等非公有制经济，是社会主义市场经济的重要组成部分。”“国家保护个体经济、私营经济的合法的权利和利益。国家对个体经济、私营经济实行引导、监督和管理。”

第十七条　宪法第二十八条：“国家维护社会秩序，镇压叛国和其他反革命的活动，制裁危害社会治安、破坏社会主义经济和其他犯罪的活动，惩办和改造犯罪分子。”修改为：“国家维护社会秩序，镇压叛国和其他危害国家安全的犯罪活动，制裁危害社会治安、破坏社会主义经济和其他犯罪的活动，惩办和改造犯罪分子。”

中华人民共和国宪法修正案

（2004年3月14日第十届全国人民代表大会第二次会议通过　2004年3月14日全国人民代表大会公告公布施行）

第十八条　宪法序言第七自然段中“在马克思列宁主义、毛泽东思想、邓小平理论指引下”修改为“在马克思列宁主义、毛泽东思想、邓小平理论和‘三个代表’重要思想指引下”，“沿着建设有中国特色社会主义的道路”修改为“沿着中国特色社会主义道路”，“逐步实现工业、农业、国防和科学技术的现代化”之后增加“推动物质文明、政治文明和精神文明协调发展”。这一自然段相应地修改为：“中国新民主主义革命的胜利和社会主义事业的成就，是中国共产党领导中国各族人民，在马克思列宁主义、毛泽东思想的指引下，坚持真理，修正错误，战胜许多艰难险阻而取得的。我国将长期处于社会主义初级阶段。国家的根本任务是，沿着中国特色社会主义道路，集中力量进行社会主义现代化建设。中国各族人民将继续在中国共产党领导下，在马克思列宁主义、毛泽东思想、邓小平理论和‘三个代表’重要思想指引下，坚持人民民主专政，坚持社会主义道路，坚持改革开放，不断完善社会主义的各项制度，发展社会主义市场经济，发展社会主义民主，健全社会主义法制，自力更生，艰苦奋斗，逐步实现工业、农业、国防和科学技术的现代化，推动物质文明、政治文明和精神文明协调发展，把我国建设成为富强、民主、文明的社会主义国家。”

第十九条 宪法序言第十自然段第二句“在长期的革命和建设过程中，已经结成由中国共产党领导的，有各民主党派和各人民团体参加的，包括全体社会主义劳动者、拥护社会主义的爱国者和拥护祖国统一的爱国者的广泛的爱国统一战线，这个统一战线将继续巩固和发展。”修改为：“在长期的革命和建设过程中，已经结成由中国共产党领导的，有各民主党派和各人民团体参加的，包括全体社会主义劳动者、社会主义事业的建设者、拥护社会主义的爱国者和拥护祖国统一的爱国者的广泛的爱国统一战线，这个统一战线将继续巩固和发展。”

第二十条 宪法第十条第三款“国家为了公共利益的需要，可以依照法律规定对土地实行征用。”修改为：“国家为了公共利益的需要，可以依照法律规定对土地实行征收或者征用并给予补偿。”

第二十一条 宪法第十一条第二款“国家保护个体经济、私营经济的合法的权利和利益。国家对个体经济、私营经济实行引导、监督和管理。”修改为：“国家保护个体经济、私营经济等非公有制经济的合法的权利和利益。国家鼓励、支持和引导非公有制经济的发展，并对非公有制经济依法实行监督和管理。”

第二十二条 宪法第十三条“国家保护公民的合法的收入、储蓄、房屋和其他合法财产的所有权。”“国家依照法律规定保护公民的私有财产的继承权。”修改为：“公民的合法的私有财产不受侵犯。”“国家依照法律规定保护公民的私有财产权和继承权。”“国家为了公共利益的需要，可以依照法律规定对公民的私有财产实行征收或者征用并给予补偿。”

第二十三条 宪法第十四条增加一款，作为第四款："国家建立健全同经济发展水平相适应的社会保障制度。"

第二十四条 宪法第三十三条增加一款，作为第三款："国家尊重和保障人权。"第三款相应地改为第四款。

第二十五条 宪法第五十九条第一款"全国人民代表大会由省、自治区、直辖市和军队选出的代表组成。各少数民族都应当有适当名额的代表。"修改为："全国人民代表大会由省、自治区、直辖市、特别行政区和军队选出的代表组成。各少数民族都应当有适当名额的代表。"

第二十六条 宪法第六十七条全国人民代表大会常务委员会职权第二十项"（二十）决定全国或者个别省、自治区、直辖市的戒严"修改为"（二十）决定全国或者个别省、自治区、直辖市进入紧急状态"。

第二十七条 宪法第八十条"中华人民共和国主席根据全国人民代表大会的决定和全国人民代表大会常务委员会的决定，公布法律，任免国务院总理、副总理、国务委员、各部部长、各委员会主任、审计长、秘书长，授予国家的勋章和荣誉称号，发布特赦令，发布戒严令，宣布战争状态，发布动员令。"修改为："中华人民共和国主席根据全国人民代表大会的决定和全国人民代表大会常务委员会的决定，公布法律，任免国务院总理、副总理、国务委员、各部部长、各委员会主任、审计长、秘书长，授予国家的勋章和荣誉称号，发布特赦令，宣布进入紧急状态，宣布战争状态，发布动员令。"

第二十八条 宪法第八十一条"中华人民共和国主席代表中华人民共和国，接受外国使节；根据全国人民代表大会常务委员会的决定，派遣和召回驻外全权代表，批准和废除同外国缔结的条约和重要协定。”修改为：“中华人民共和国主席代表中华人民共和国，进行国事活动，接受外国使节；根据全国人民代表大会常务委员会的决定，派遣和召回驻外全权代表，批准和废除同外国缔结的条约和重要协定。”

第二十九条 宪法第八十九条国务院职权第十六项“（十六）决定省、自治区、直辖市的范围内部分地区的戒严”修改为“（十六）依照法律规定决定省、自治区、直辖市的范围内部分地区进入紧急状态”。

第三十条 宪法第九十八条“省、直辖市、县、市、市辖区的人民代表大会每届任期五年。乡、民族乡、镇的人民代表大会每届任期三年。”修改为：“地方各级人民代表大会每届任期五年。”

第三十一条 宪法第四章章名“国旗、国徽、首都”修改为“国旗、国歌、国徽、首都”。宪法第一百三十六条增加一款，作为第二款：“中华人民共和国国歌是《义勇军进行曲》。”

中华人民共和国宪法修正案

（2018年3月11日第十三届全国人民代表大会第一次会议通过 2018年3月11日全国人民代表大会公告第一号公布施行）

第三十二条 宪法序言第七自然段中“在马克思列宁主义、毛泽东思想、邓小平理论和‘三个代表’重要思想指引下”修改为“在马克思列宁主义、毛泽东思想、邓小平理论、‘三个代表’重要思想、科学发展观、习近平新时代中国特色社会主义思想指引下”；“健全社会主义法制”修改为“健全社会主义法治”；在“自力更生，艰苦奋斗”前增写“贯彻新发展理念”；“推动物质文明、政治文明和精神文明协调发展，把我国建设成为富强、民主、文明的社会主义国家”修改为“推动物质文明、政治文明、精神文明、社会文明、生态文明协调发展，把我国建设成为富强民主文明和谐美丽的社会主义现代化强国，实现中华民族伟大复兴”。这一自然段相应修改为：“中国新民主主义革命的胜利和社会主义事业的成就，是中国共产党领导中国各族人民，在马克思列宁主义、毛泽东思想的指引下，坚持真理，修正错误，战胜许多艰难险阻而取得的。我国将长期处于社会主义初级阶段。国家的根本任务是，沿着中国特色社会主义道路，集中力量进行社会主义现代化建设。中国各族人民将继续在中国共产党领导下，在马克思列宁主义、毛泽东思想、邓小平理论、‘三个代表’重要思想、科学发展观、习近平新时代中国特色社会主义思想指引下，坚持人民民主专政，坚持社会主义道路，坚持改革开放，不断完善社会主义的各项制度，发展社会主义市场经济，发展社会主义民主，健全社会主义法治，贯彻新发展理念，自力更生，艰苦奋斗，逐步实现工业、农业、国防和科学技术的现代化，推动物质文明、政治文明、精神文明、社会文明、生态文明协调发展，把我国建设成为富强民主文明和谐美丽的社会主义现代化强国，实现中华民族伟大复兴。”

第三十三条　宪法序言第十自然段中“在长期的革命和建设过程中”修改为“在长期的革命、建设、改革过程中”；“包括全体社会主义劳动者、社会主义事业的建设者、拥护社会主义的爱国者和拥护祖国统一的爱国者的广泛的爱国统一战线”修改为“包括全体社会主义劳动者、社会主义事业的建设者、拥护社会主义的爱国者、拥护祖国统一和致力于中华民族伟大复兴的爱国者的广泛的爱国统一战线”。这一自然段相应修改为：“社会主义的建设事业必须依靠工人、农民和知识分子，团结一切可以团结的力量。在长期的革命、建设、改革过程中，已经结成由中国共产党领导的，有各民主党派和各人民团体参加的，包括全体社会主义劳动者、社会主义事业的建设者、拥护社会主义的爱国者、拥护祖国统一和致力于中华民族伟大复兴的爱国者的广泛的爱国统一战线，这个统一战线将继续巩固和发展。中国人民政治协商会议是有广泛代表性的统一战线组织，过去发挥了重要的历史作用，今后在国家政治生活、社会生活和对外友好活动中，在进行社会主义现代化建设、维护国家的统一和团结的斗争中，将进一步发挥它的重要作用。中国共产党领导的多党合作和政治协商制度将长期存在和发展。”

第三十四条 宪法序言第十一自然段中“平等、团结、互助的社会主义民族关系已经确立，并将继续加强。”修改为：“平等团结互助和谐的社会主义民族关系已经确立，并将继续加强。”

第三十五条 宪法序言第十二自然段中“中国革命和建设的成就是同世界人民的支持分不开的”修改为“中国革命、建设、改革的成就是同世界人民的支持分不开的”；“中国坚持独立自主的对外政策，坚持互相尊重主权和领土完整、互不侵犯、互不干涉内政、平等互利、和平共处的五项原则”后增加“坚持和平发展道路，坚持互利共赢开放战略”；“发展同各国的外交关系和经济、文化的交流”修改为“发展同各国的外交关系和经济、文化交流，推动构建人类命运共同体”。这一自然段相应修改为：“中国革命、建设、改革的成就是同世界人民的支持分不开的。

中国的前途是同世界的前途紧密地联系在一起的。中国坚持独立自主的对外政策，坚持互相尊重主权和领土完整、互不侵犯、互不干涉内政、平等互利、和平共处的五项原则，坚持和平发展道路，坚持互利共赢开放战略，发展同各国的外交关系和经济、文化交流，推动构建人类命运共同体；坚持反对帝国主义、霸权主义、殖民主义，加强同世界各国人民的团结，支持被压迫民族和发展中国家争取和维护民族独立、发展民族经济的正义斗争，为维护世界和平和促进人类进步事业而努力。”

第三十六条 宪法第一条第二款“社会主义制度是中华人民共和国的根本制度。”后增写一句，内容为：“中国共产党领导是中国特色社会主义最本质的特征。”

第三十七条 宪法第三条第三款“国家行政机关、审判机关、检察机关都由人民代表大会产生，对它负责，受它监督。”修改为：“国家行政机关、监察机关、审判机关、检察机关都由人民代表大会产生，对它负责，受它监督。”

第三十八条 宪法第四条第一款中“国家保障各少数民族的合法的权利和利益，维护和发展各民族的平等、团结、互助关系。”修改为：“国家保障各少数民族的合法的权利和利益，维护和发展各民族的平等团结互助和谐关系。”

第三十九条 宪法第二十四条第二款中“国家提倡爱祖国、爱人民、爱劳动、爱科学、爱社会主义的公德”修改为“国家倡导社会主义核心价值观，提倡爱祖国、爱人民、爱劳动、爱科学、爱社会主义的公德”。这一款相应修改为：“国家倡导社会主义核心价值观，提倡爱祖国、爱人民、爱劳动、爱科学、爱社会主义的公德，在人民中进行爱国主义、集体主义和国际主义、共产主义的教育，进行辩证唯物主义和历史唯物主义的教育，反对资本主义的、封建主义的和其他的腐朽思想。”

第四十条 宪法第二十七条增加一款，作为第三款：“国家工作人员就职时应当依照法律规定公开进行宪法宣誓。”

第四十一条 宪法第六十二条“全国人民代表大会行使下列职权”中增加一项，作为第七项“（七）选举国家监察委员会主任”，第七项至第十五项相应改为第八项至第十六项。

第四十二条 宪法第六十三条“全国人民代表大会有权罢免下列人员”中增加一项，作为第四项“（四）国家监察委员会主任”，第四项、第五项相应改为第五项、第六项。

第四十三条 宪法第六十五条第四款“全国人民代表大会常务委员会的组成人员不得担任国家行政机关、审判机关和检察机关的职务。”修改为：“全国人民代表大会常务委员会的组成人员不得担任国家行政机关、监察机关、审判机关和检察机关的职务。”

第四十四条 宪法第六十七条“全国人民代表大会常务委员会行使下列职权”中第六项“（六）监督国务院、中央军事委员会、最高人民法院和最高人民检察院的工作”修改为“（六）监督国务院、中央军事委员会、国家监察委员会、最高人民法院和最高人民检察院的工作”；增加一项，作为第十一项“（十一）根据国家监察委员会主任的提请，任免国家监察委员会副主任、委员”，第十一项至第二十一项相应改为第十二项至第二十二项。

宪法第七十条第一款中“全国人民代表大会设立民族委员会、法律委员会、财政经济委员会、教育科学文化卫生委员会、外事委员会、华侨委员会和其他需要设立的专门委员会。”修改为：“全国人民代表大会设立民族委员会、宪法和法律委员会、财政经济委员会、教育科学文化卫生委员会、外事委员会、华侨委员会和其他需要设立的专门委员会。”

第四十五条 宪法第七十九条第三款“中华人民共和国主席、副主席每届任期同全国人民代表大会每届任期相同，连续任职不得超过两届。”修改为：“中华人民共和国主席、副主席每届任期同全国人民代表大会每届任期相同。”

第四十六条 宪法第八十九条“国务院行使下列职权”中第六项“（六）领导和管理经济工作和城乡建设”修改为“（六）领导和管理经济工作和城乡建设、生态文明建设”；第八项“（八）领导和管理民政、公安、司法行政和监察等工作”修改为“（八）领导和管理民政、公安、司法行政等工作”。

第四十七条 宪法第一百条增加一款，作为第二款：“设区的市的人民代表大会和它们的常务委员会，在不同宪法、法律、行政法规和本省、自治区的地方性法规相抵触的前提下，可以依照法律规定制定地方性法规，报本省、自治区人民代表大会常务委员会批准后施行。”

第四十八条 宪法第一百零一条第二款中“县级以上的地方各级人民代表大会选举并且有权罢免本级人民法院院长和本级人民检察院检察长。”修改为：“县级以上的地方各级人民代表大会选举并且有权罢免本级监察委员会主任、本级人民法院院长和本级人民检察院检察长。”

第四十九条 宪法第一百零三条第三款“县级以上的地方各级人民代表大会常务委员会的组成人员不得担任国家行政机关、审判机关和检察机关的职务。”修改为：“县级以上的地方各级人民代表大会常务委员会的组成人员不得担任国家行政机关、监察机关、审判机关和检察机关的职务。”

第五十条　宪法第一百零四条中“监督本级人民政府、人民法院和人民检察院的工作”修改为“监督本级人民政府、监察委员会、人民法院和人民检察院的工作”。这一条相应修改为：“县级以上的地方各级人民代表大会常务委员会讨论、决定本行政区域内各方面工作的重大事项；监督本级人民政府、监察委员会、人民法院和人民检察院的工作；撤销本级人民政府的不适当的决定和命令；撤销下一级人民代表大会的不适当的决议；依照法律规定的权限决定国家机关工作人员的任免；在本级人民代表大会闭会期间，罢免和补选上一级人民代表大会的个别代表。”

第五十一条　宪法第一百零七条第一款“县级以上地方各级人民政府依照法律规定的权限，管理本行政区域内的经济、教育、科学、文化、卫生、体育事业、城乡建设事业和财政、民政、公安、民族事务、司法行政、监察、计划生育等行政工作，发布决定和命令，任免、培训、考核和奖惩行政工作人员。”修改为：“县级以上地方各级人民政府依照法律规定的权限，管理本行政区域内的经济、教育、科学、文化、卫生、体育事业、城乡建设事业和财政、民政、公安、民族事务、司法行政、计划生育等行政工作，发布决定和命令，任免、培训、考核和奖惩行政工作人员。”

第五十二条　宪法第三章“国家机构”中增加一节，作为第七节“监察委员会”；增加五条，分别作为第一百二十三条至第一百二十七条。内容如下：

第七节　监察委员会

第一百二十三条　中华人民共和国各级监察委员会是国家的监察机关。

第一百二十四条　中华人民共和国设立国家监察委员会和

地方各级监察委员会。

监察委员会由下列人员组成：

主任，

副主任若干人，

委员若干人。

监察委员会主任每届任期同本级人民代表大会每届任期相同。国家监察委员会主任连续任职不得超过两届。

监察委员会的组织和职权由法律规定。

第一百二十五条 中华人民共和国国家监察委员会是最高监察机关。

国家监察委员会领导地方各级监察委员会的工作，上级监察委员会领导下级监察委员会的工作。

第一百二十六条 国家监察委员会对全国人民代表大会和全国人民代表大会常务委员会负责。地方各级监察委员会对产生它的国家权力机关和上一级监察委员会负责。

第一百二十七条 监察委员会依照法律规定独立行使监察权，不受行政机关、社会团体和个人的干涉。

监察机关办理职务违法和职务犯罪案件，应当与审判机关、检察机关、执法部门互相配合，互相制约。

第七节相应改为第八节，第一百二十三条至第一百三十八条相应改为第一百二十八条至第一百四十三条。

全国人民代表大会常务委员会关于设立国家宪法日的决定

（2014年11月1日第十二届全国人民代表大会常务委员会第十一次会议通过）

1982年12月4日，第五届全国人民代表大会第五次会议通过了现行的《中华人民共和国宪法》。现行宪法是对1954年制定的新中国第一部宪法的继承和发展。宪法是国家的根本法，是治国安邦的总章程，具有最高的法律地位、法律权威、法律效力。全面贯彻实施宪法，是全面推进依法治国、建设社会主义法治国家的首要任务和基础性工作。全国各族人民、一切国家机关和武装力量、各政党和各社会团体、各企业事业组织，都必须以宪法为根本的活动准则，并且负有维护宪法尊严、保证宪法实施的职责。任何组织或者个人都不得有超越宪法和法律的特权，一切违反宪法和法律的行为都必须予以追究。为了增强全社会的宪法意识，弘扬宪法精神，加强宪法实施，全面推进依法治国，第十二届全国人民代表大会常务委员会第十一次会议决定：

将12月4日设立为国家宪法日。国家通过多种形式开展宪法宣传教育活动。

全国人民代表大会常务委员会关于实行宪法宣誓制度的决定

（2015年7月1日第十二届全国人民代表大会常务委员会第十五次会议通过　2018年2月24日第十二届全国人民代表大会常务委员会第三十三次会议修订）

宪法是国家的根本法，是治国安邦的总章程，具有最高的法律地位、法律权威、法律效力。国家工作人员必须树立宪法意识，恪守宪法原则，弘扬宪法精神，履行宪法使命。为彰显宪法权威，激励和教育国家工作人员忠于宪法、遵守宪法、维护宪法，加强宪法实施，全国人民代表大会常务委员会决定：

一、各级人民代表大会及县级以上各级人民代表大会常务委员会选举或者决定任命的国家工作人员，以及各级人民政府、监察委员会、人民法院、人民检察院任命的国家工作人员，在就职时应当公开进行宪法宣誓。

二、宣誓誓词如下：

我宣誓：忠于中华人民共和国宪法，维护宪法权威，履行法定职责，忠于祖国、忠于人民，恪尽职守、廉洁奉公，接受人民监督，为建设富强民主文明和谐美丽的社会主义现代化强国努力奋斗！

三、全国人民代表大会选举或者决定任命的中华人民共和国主席、副主席，全国人民代表大会常务委员会委员长、副委员长、秘书长、委员，国务院总理、副总理、国务委员、各部部长、各委员会主任、中国人民银行行长、审计长、秘书长，中华人民共和国中央军事委员会主席、副主席、委员，国家监察委员会主任，最高人民法院院长，最高人民检察院检察长，以及全国人民代表大会专门委员会主任委员、副主任委员、委员等，在依照法定程序产生后，进行宪法宣誓。宣誓仪式由全国人民代表大会会议主席团组织。

四、在全国人民代表大会闭会期间，全国人民代表大会常务委员会任命或者决定任命的全国人民代表大会专门委员会个别副主任委员、委员，国务院部长、委员会主任、中国人民银行行长、审计长、秘书长，中华人民共和国中央军事委员会副主席、委员，在依照法定程序产生后，进行宪法宣誓。宣誓仪式由全国人民代表大会常务委员会委员长会议组织。

五、全国人民代表大会常务委员会任命的全国人民代表大会常务委员会副秘书长，全国人民代表大会常务委员会工作委员会主任、副主任、委员，全国人民代表大会常务委员会代表资格审查委员会主任委员、副主任委员、委员等，在依照法定程序产生后，进行宪法宣誓。宣誓仪式由全国人民代表大会常务委员会委员长会议组织。

六、全国人民代表大会常务委员会任命或者决定任命的国家监察委员会副主任、委员，最高人民法院副院长、审判委员会委员、庭长、副庭长、审判员和军事法院院长，最高人民检察院副检察长、检察委员会委员、检察员和军事检察院检察长，中华人民共和国驻外全权代表，在依照法定程序产生后，进行宪法宣誓。宣誓仪式由国家监察委员会、最高人民法院、最高人民检察院、外交部分别组织。

七、国务院及其各部门、国家监察委员会、最高人民法院、最高人民检察院任命的国家工作人员，在就职时进行宪法宣誓。宣誓仪式由任命机关组织。

八、宣誓仪式根据情况，可以采取单独宣誓或者集体宣誓的形式。单独宣誓时，宣誓人应当左手抚按《中华人民共和国宪法》，右手举拳，诵读誓词。集体宣誓时，由一人领誓，领誓人左手抚按《中华人民共和国宪法》，右手举拳，领诵誓词；其他宣誓人整齐排列，右手举拳，跟诵誓词。

宣誓场所应当庄重、严肃，悬挂中华人民共和国国旗或者国徽。宣誓仪式应当奏唱中华人民共和国国歌。

负责组织宣誓仪式的机关，可以根据本决定并结合实际情况，对宣誓的具体事项作出规定。

九、地方各级人民代表大会及县级以上地方各级人民代表大会常务委员会选举或者决定任命的国家工作人员，以及地方各级人民政府、监察委员会、人民法院、人民检察院任命的国家工作人员，在依照法定程序产生后，进行宪法宣誓。宣誓的具体组织办法由省、自治区、直辖市人民代表大会常务委员会参照本决定制定，报全国人民代表大会常务委员会备案。

十、本决定自 2018 年 3 月 12 日起施行。